我国农村信用社流程再造研究

——基于资源与能力理论的视角

彭志军　著

中国金融出版社

责任编辑：童祎薇
责任校对：李俊英
责任印制：丁淮宾

图书在版编目（CIP）数据

我国农村信用社流程再造研究：基于资源与能力理论的视角
（Woguo Nongcun Xinyongshe Liucheng Zaizao Yanjiu：Jiyu Ziyuan yu
Nengli Lilun de Shijiao）/彭志军著．—北京：中国金融出版社，2013.3
　　ISBN 978 – 7 – 5049 – 6711 – 4

　　Ⅰ．①我…　Ⅱ．①彭…　Ⅲ．①农村信用社—研究—中国
Ⅳ．①F832.35

中国版本图书馆 CIP 数据核字（2012）第 307493 号

出版
发行　中国金融出版社

社址　北京市丰台区益泽路 2 号
市场开发部　（010）63266347，63805472，63439533（传真）
网上书店　http://www.chinafph.com
　　　　　　（010）63286832，63365686（传真）
读者服务部　（010）66070833，62568380
邮编　100071
经销　新华书店
印刷　利兴印刷有限公司
尺寸　169 毫米 × 239 毫米
印张　11.25
字数　182 千
版次　2013 年 3 月第 1 版
印次　2013 年 3 月第 1 次印刷
定价　26.00 元
ISBN 978 – 7 – 5049 – 6711 – 4/F. 6271
如出现印装错误本社负责调换　联系电话（010）63263947

序

企业再造理论初见于1990年迈克尔·哈默（Michael Hammer）在《哈佛商业评论》7/8月号的文章《再造：不是自动化改造而是推倒重来》（*Reengineering Work：Don't Automate，Obliterate*）。在文章中，哈默遵循《哈佛商业评论》的经典风格，从美国企业与日本企业竞争显现乏力的现象入手，阐述了自己的再造思想："要利用计算机重新设计现有企业流程，而不仅是实现现有流程的自动化。"他还提出："从实质上讲，再造绝不是过去思维的延续——它要求我们承认一些构成经营基础的规则和基本假设已经过时并予以摒弃。……仅靠组织精简或现有流程自动化，我们无法实现绩效上的突飞猛进。相反我们必须对过去的假设提出质疑，并丢弃那些从根本上造成企业表现不佳的过时规则。"从文章看，哈默准确地把握住了计算机广泛普及，以及由此带来的IT的迅猛发展会给美国乃至世界生产、制造业和服务业流程带来的巨大变化，并提出了企业再造的全新概念。哈默也就成为公认的"企业再造之父"。企业再造思想的提出受到学术界和实业界的广泛重视，1993年由哈默与詹姆斯·钱皮（James A. Champy）合著的《企业再造：商业革命的宣言》（*Reengineering the Corporation：A Manifesto for Business Revolution*）在美国出版。该书明锐的目光、宽阔的视野立即引起了巨大的反响，在出版以后较长的一段时期成为美国最为畅销的书籍。哈默与钱皮在2003年为《企业再造》再版所作的序中谈到："这次再版在全世界掀起了一次新的浪潮。这本书能够取得如此巨大的成功，我们感到非常欣慰。但坦率来讲，如此成功——这本书能够有上百万册的销量，被译成三十多种语言，甚至还成为了20世纪90年代最畅销的经管类图书等等——这些还是大大超出了我们的设想。"

彭志军博士是我的博士生，他是一位曾在高校从事教学、科研工作的老师，后到银行工作，并具有丰富实践经验的管理人员。彭志军博士所撰写的著作《我国农村信用社流程再造研究——基于资源与能力理论的视角》是运用企业再造理论，结合自我工作的实践撰写，在博士学位论文基础上丰富、完善的一本书。该书系统地回溯、分析和评价了哈默、钱皮，乃至国内外学者有关企业再造的理论，并着重介绍了企业再造思想在服务领域，特别是银行业务流程再造相关研究的成果，以及银行在实际工作中推行、实践业务流程再造的工作经验。在此基础上，结合农村信用社演进的历史，以及自己多年在广州农村商业银行工作，甚至就是在广州农村商业银行推行银行业务流程再造的经历，讲述和介绍了银行流程再造工作中的主体流程、外包工作、组织结构调整、实施原则和思路，广州农村商业银行流程再造等工作所取得的成绩和效果。还结合工作的体会与理论研究的探索，总结了银行业务流程再造工作需要注意的基本原则，即银行业务流程再造工作的经验。从全书来看，该著作的出版将为银行业再造的研究者提供理论探索或回溯的基础，也可为银行业再造的践行者提供整体设计或实际操作的思路。

哈默在《再造：不是自动化改造而是推倒重来》一文中讲到："流程再造会引发各种变化，这些变化不仅限于业务流程本身。工作设计、组织结构、管理系统——任何与流程有关的事物——都必须进行综合改造。换句话说，再造是一项艰巨的工作，它要求改变组织的多个方面。""这些改变的程度之深，还说明了流程再造要获得成功必须具备一个条件：领导层真正富有远见。组织中没有任何人喜欢流程再造。它会扰乱大家的思维，破坏正常的秩序，并且影响到人们已经习惯了的一切事物。……为了赢得安于现状的人的支持，领导层必须变现出投入和坚持——可能再带一点狂热。"

哈默的这段话再一次提醒了再造工程的设计者、领导者和践行者所需要的工作态度和必须具备的条件，也告诫了我们，在为实现中华民族伟大复兴的中国梦而努力奋斗的前进道路上，许多事情需要再造，许多问题需要创新。哈默后面的一句话更为重要，引用的目的既是对彭志军博士研究工作结论的补充，也是一位长期研究管理理论的作序者所认同的、任何组织希望实现再造和变革的关键之所在。

武汉大学经济与管理学院教授　谭力文
2013 年春于珞珈山

摘　　要

20 世纪 90 年代以来，国内外银行开展了轰轰烈烈的银行再造运动，其核心是银行流程再造。如何通过流程再造战略，于变革中求得生存，在国际化标准前提条件下继续保持其盈利性和本土化竞争优势，是当前我国银行战略管理中亟待探索的现实课题。鉴于国内商业银行的流程再造已取得一定成效，本书选取发展欠成熟的农村信用社作为研究主体，基于企业资源与能力的视角，从战略管理高度研究银行流程再造。

本书的研究重点是微观银行再造框架，主体为流程再造，再辅之以适应性的组织结构再造以及与之相关的客户关系管理，并针对广州农村信用合作社（以下简称广州农村信用社）的流程再造进行了案例分析。

本研究的逻辑框架是：首先，通过导论介绍研究背景和意义，归纳研究方法和研究对象；根据国内外文献综述，分析该课题研究的现状，作为本研究的出发点。其次，阐述银行流程再造的理论基础，主体理论为企业资源与能力理论，将其贯穿于整个论述体系中。再次，提出银行流程再造的基本要素，并进行可行性研究。随后，探讨了农村信用社流程再造的实施，旨在建立一套适合中国国情和农村信用社特点的流程再造理论和经营范式。在此基础上的案例研究，佐证了相关理论在再造实践中的指导作用，并为其他农村信用社的再造提供一些有益的借鉴。最后，得出研究结论、局限性和后续研究展望。

根据理论与实践相结合的原则，本书在前人研究的基础上有所创新。

1. 流程再造是基于资源整合—能力跃迁—绩效提升过程的动态变革。本书基于企业资源与能力理论视角，并结合其他相关理论深入分析银行流程再造的理论渊源和基本逻辑，以及流程再造在充分发掘和整合银行资源，提升核心竞争力，形成动态、可持续竞争优势方面的积极作用。流程再造的深度和广度体现在银行行为方式、组织结构、管理理念变革的有效性与彻底性，以及最终绩效变化的显著性上。但其成败在本质上依赖于银行可供支配的资源、能力的大小以及整合的效果。

2. 从战略管理高度首次系统地对农村信用社的流程再造进行理论研究和实践分析。国内外银行再造理论的研究通常是针对整个银行体系，但对不同类型银行再造模式的选择这方面的研究很少涉及。笔者试图突破这一薄弱环节，结合银行战略管理理论和其他相关理论，对农村信用社流程再造的理念、内容、方式、基本要素、技术手段和发展路径等进行了较为深入的探讨，为针对不同类型银行系统性的流程再造提供了理论和实践借鉴。

3. 提出了我国农村信用社符合实际的组织结构模式和流程再造思路。再造后的农村信用社组织结构应是多种模式的有机结合，即"大总部、小分支"模式同简化的事业部制相结合，再根据业务发展需要辅之以专门的项目小组。同时指出，基于我国农村信用社尚处于改革发展的初级阶段，流程再造不能一蹴而就，必须是彻底变革同持续性、渐进性变革战略相结合的理性模式。

关键词：银行流程再造　农村信用社　资源与能力理论　战略管理

Abstract

Since 1990s, the domestic and international banks had launched the vigorous movement of bank reengineering, its core is the bank process reengineering. How to devise the strategy of process reengineering, survive in improving, continue keeping its profitability and local competitive advantage under the international standard precondition, are the realistic subjects urgently to be explored in the present strategic management of banks in China. As the process reengineering of the domestic commercial banks already had made certain effects, the book chooses the development of immature rural credit unions as the research object, studies the bank process reengineering on the basis of the viewing angles of the resource and the ability of enterprise, from the height of strategic management.

The book focuses on that micro bank reengineering frame, its subject is process reengineering, and then matching with institutional framework reengineering and customer relationship management related to it. It has carried on case analysis to the process reengineering of Guangzhou rural credit union.

The logic frame of the book is as follows. Firstly, through introductory theory, it introduces research background and meaning, sums up the research approach and research object, based on the domestic and foreign literature reviewing, analyzes current situation of this subject research, as the starting point of the research. Secondly, the book exposits the theoretical foundation of bank process reengineering, the main theory is the enterprise resource and ability theory, which runs through in the entire system of describing. Thirdly, it proposes the basic key element of bank process reengineering, carries on feasibility research. Subsequently, it probes into the implementation of the process reengineering of rural credit unions, aims at setting up a theory of process reengineering and operating normal form suitable for China's actual conditions and rural credit unions. The case analysis has proved the guidance function of relevant theories in reengineering practices, and offers a little more beneficial references for other rural credit unions. Finally, it draws research conclusions, limitations and follow – up study prospects.

According to the principle that the theory combines with practice, to some extent the book has innovated on the basis of existing study.

Firstly, the process reengineering is the dynamic change based on the course of resources integration – ability transition – performance promotion. The book regards the enterprise resource and ability theory as the visual angle , combines other relevant theories, deeply analyses the theory origin and basic logic of the bank process reengineering, and the positive role that bank process reengineering plays in exploring and combining the bank resourcing fully, promoting the key competitiveness, forming the dynamic, sustainable competition advantage. The depth and broadness of process reengineering embodies the validity and thorough ness of the bank manners, institutional frameworks, management ideas innovation, and the significance of final performance changes. But its success or failure depends on the resource and size of ability, result of integration suitable for controlling of the bank in essence.

Secondly, the book systematically analyzes the theoretical research and practice firstly on the rural credit unions from the height of strategic management. The domestic and international literatures of bank reengineering usually directed at the system of the whole bank, but rarely referring to the mode choices of different kinds of bank reengineering research. The author attempts to break through this weak link, combines the bank strategic management theory and other relevant theories, carries on deeply discussion on ideas, contents, ways, basic key elements, technological means and development routes, etc. , of rural credit union process reengineering. The book has offered the theories and practices for the systemic bank process reengineering of different kinds of banks.

Thirdly, the book has put forward institutional framework mode and process reengineering idea of the rural credit unions in China corresponding to reality. The institutional framework of rural credit unions after reengineering should be an organic integration of many kinds of modes, i. e. , combining the mode and simple division of "the big general headquarters, small branch" together, complementing project group according to the needs of development of business. At the same time, the book points out that the reform and development of rural credit unions in China is still at primary stage. Process reengineering can not accomplish in one move. It must be the rational mode of completely revolutions combining with constant and gradual changeable strategies.

Key Words: Bank Process Reengineering   Rural Credit Union   Theory of Resources and Ability   Strategic Management

目　　录

第一章　导　论

第一节　研究背景和意义

一、研究背景

自 20 世纪 60 年代以来，金融信息化、自由化和证券化的浪潮席卷全球，世界金融制度、市场、结构、机构、工具和服务等方方面面都发生了翻天覆地的变化，"一直以来都是山顶上的城市"① 的银行业面临前所未有的困境。80 年代中后期，需求和供给两方面因素的急剧变化从根本上改变了银行作为批发市场中间人的角色，结果是一场探索未来银行经营范式的再造运动开始兴起。长期以来单纯的成本管理思路被摒弃，人们开始重新设计银行传统的工作方法和业务结构，以提升核心竞争力，获得可持续的竞争优势。经过再造后的美国银行业建立起以客户为中心的业务体系，确立了扁平化、垂直化、集中化和专业化的组织结构，其经营绩效得到显著改善，平均股权收益率从 14% 上升至 20%。到 90 年代中期，绝大多数欧洲银行相继开展形式各异的再造运动。

当国内金融理论界和实务界将西方银行业的管理理念和经营模式奉为圭臬并争相仿效的时候，自 2007 年开始，由美国次贷危机所引发的金融海啸席卷全球，世界银行业和整体经济遭受沉重打击。2007 年、2008 年、2009 年，美国倒闭的银行数量逐步大幅上升，分别为 3 家、26 家和 140 家②；2010 年达到顶峰，为 157 家，是 1992 年以来最多的一年③。人们不禁质疑银行业现有的经营模式，甚至担忧此次金融危机是否同近年来风靡

---

① 马汀·迈耶. 大银行家 [M]，海口：海南出版社，2000.
② 星岛环球网 2010 年 1 月 4 日载。
③ 美国《华盛顿邮报》2010 年 12 月 28 日报道。

一时的银行再造有关。但研究显示，类似花旗集团、富国银行等在危机中损失巨大的金融机构，其主要亏损表现在投资银行业务领域，而商业银行业务则相对稳健并实现盈利。事实上，此次金融危机并非流程银行模式之过，也非推行银行再造之过。究其原因，可归结为以下几个方面：（1）商业银行的综合化经营已经超出其风险管理能力；（2）商业银行发放、购买了大部分信贷资产，并通过创新技术将这些资产出售给不同层次的投资者，即从"买进—持有"的传统经营模式转变为"发起—分散"的创新模式，但其中蕴涵着巨大的风险；（3）商业银行资产负债期限的严重错配引发流动性风险；（4）商业银行过度进行高杠杆投资导致其经营能力难以承受；（5）与短期业绩密切挂钩的薪酬激励机制使银行管理层经营行为短视并承担了过高的风险。[①]

近年来，国内越来越多的新生银行如雨后春笋般加入激烈的金融竞争行列；日新月异的产品和技术创新要求银行迅速作出反应；日益显现的"金融脱媒"现象、无法持续发展的成本和定价结构以及客户忠诚度的明显退化都加深了银行经营的困窘。2005年10月，在上海银行业首届合规年会上，银监会主席刘明康首次提出"流程银行"的概念，引发了我国银行流程再造的热潮。目前国内几乎所有不同类型的银行都在进行程度各异的流程再造，其结果也迥然不同。如何通过流程再造，充分发掘、整合银行内外部的资源和能力，于变革中求得生存，在国际化标准前提条件下继续保持其盈利性和本土化竞争优势，是当前我国银行战略管理中亟待深入探索的现实课题。

二、研究意义

国内尚无银行机构由于此次金融危机而破产倒闭，这主要同我国银行业相对封闭有关，也与近年来我国银行业一直致力于推行银行再造有关，而并非因为国内银行经营机制已经很完善或者核心竞争力比国外银行更强。事实上，多年来我国银行业仍积淀着大量问题亟待解决。我们应该未雨绸缪，通过新一轮银行再造，重塑银行的业务流程、管理理念、经营模式和社会形象，以确保其可持续发展。

---

① 《金融时报》2009年9月14日《理性认识并持续推进流程银行建设》一文中民生银行行长洪崎的观点。

（一）理论意义

银行作为经营货币和信用的企业，其金融产品和服务模式具有相当的同质性和可复制性。不同银行的差别实际上主要在于其各自的业务流程，以及由此形成的服务质量和经营效益的区别，可以说业务流程是银行运作的生命线。在同质化竞争愈演愈烈的背景下，银行要想获得核心竞争力，必须从战略发展的高度积极进行创新和再造，而其中关键是流程再造。即要着重从内部发掘资源和能力，将它们重新整合、合理配置到银行的各经营管理模块中去，从根本上重新思考和设计现有的业务流程，根据客户类别和价值链构成，按照最有利于客户的运作流程重新组建分散在各个职能部门的工作，从而建立以客户为中心、集约化、标准化的流程组织。此外，再辅之以银行管理方面的再造，以期在成本、质量、客户满意度、效率等方面获得重大突破，则银行的整体经营范式将发生实质性的转变，实现银行利益相关者价值最大化的战略目标。

事实上，银行流程再造运动的效果在国内外都远不如企业再造的效果明显，其原因在于：一是关于银行再造的理论和实证研究还相当不成熟，对现实的指导意义欠缺；二是在我国金融理论和实务界，从全局战略管理高度对银行再造进行的系统理论研究不足，还难以支撑起一场全面的银行再造运动，在实务操作层面也是各自为政、思路不清、缺乏系统性。因此，本书进行银行流程再造研究的理论意义在于：

1. 在银行流程再造中交叉融合管理学、金融学等学科相关理论，有助于完善银行再造的理论支持与实务体系。一是系统地从全局战略管理高度、资源与能力理论视角深化银行流程再造理论本身的研究，对流程再造的时机、理念、内容、模式、路径等进行深入探讨，并通过价值链分析，阐释银行流程再造的战略前提和终极目标；二是构建企业战略管理同银行流程再造相融共生的再造模式，使得银行流程再造活动能有的放矢，并获得持续的核心竞争力；三是在现有国内外文献的基础上进一步研究银行流程再造与银行管理再造如何更有效地结合，以实现银行流程再造的理想效果。

2. 通过对农村信用社流程再造的研究和案例分析，一方面从实践的角度进一步促进银行流程再造理论的发展，另一方面就不同类型的银行如何进行流程再造提供一种可资借鉴的理论和实践模式。

本书的核心理论和研究框架基于企业资源与能力理论。简而言之，流程再造是对企业工作方式和运作结构的战略性、根本性的改变，即在合适的条件下以合适的方式做合适的事情，但这种变革必须建立在企业内部为主（也包括外部）的资源与能力重新发掘、动态整合以及价值创造的基础之上。有关战略管理、交易成本、业务外包、组织结构、价值链等管理理论在流程再造中的深入运用和有机契合，将进一步丰富银行流程再造的实践。

（二）现实意义

近年来，国有商业银行和部分全国性股份制商业银行的流程再造已经先行先试，成效显著，其中大部分已成功上市。在此基础上，理论界和实务界应将关注重点转向发展欠成熟银行的流程再造，如农村信用社流程再造，为"十二五"时期以及更长远的未来银行业的发展和改革指明方向。

表 1 – 1　　　　　我国实施银行再造的主要商业银行

序号	商业银行	开始年份	主要内容
1	中信银行	1999	授信流程体系
2	中国工商银行	2002	业务流程和信息
3	中国民生银行	2003	整体综合再造
4	招商银行	2003	零售和授信流程
5	中国光大银行	2003	信用风险管理和财务系统
6	华夏银行	2003	整体综合再造
7	中国银行	2004	授信流程和零售业务
8	中国建设银行	2004	业务流程和内部审计模式
9	交通银行	2004	组织结构、对公和信用卡业务
10	上海浦东发展银行	2004	对公和信用卡业务
11	兴业银行	2004	零售业务系统
12	深圳发展银行	2004	零售业务和信息技术系统

资料来源：笔者根据相关资料汇总。

农村信用社作为中国银行业的重要组成部分，主要为"三农"经济发展提供服务。20 世纪 90 年代以来，我国农村信用社的生存和发展空间发生了巨大变化。客户构成和需求、市场竞争环境和模式、自身经营管理机制等方面的变化都推动了农村信用社经营哲学和生产方式的转变。2003 年和 2004 年分别颁布《国务院关于印发深化农村信用社改革试点方案的通知》和《国务院办公厅关于进一步深化农村信用社改革试点的意见》等文件，在全国推开新一轮的农村信用社改革。目前，农村信用社产权制度改革的基本模式为三种：股份制、股份合作制和完善合作制。本书从其中的股份制模式，即转制为农村商业银行的模式，对农村信用社再造进行战略定位，重点探讨该类农村信用社的流程再造，并分析与之相关的管理再造如何协同实施，从而打造农村信用社的核心竞争力。这一流程再造模式的建立无论对农村信用社还是一些地方性商业银行的再造及未来发展都将产生影响。

目前，我国大多数地方农村信用社的流程再造尝试方兴未艾，有成功的经验，也有失败的教训。笔者遵循从一般到特殊、共性指导个性、由面到点、由普遍到特殊、静态和动态相结合的比较研究方法，并通过对广州农村信用社（该信用社已于2009年12月正式转制为股份制的广州农村商业银行）近年来流程再造实践的案例进行分析，提出农村信用社流程再造的优化路径，并进一步丰富银行再造理论体系和实务操作模式。

第二节　国内外文献回顾及述评

银行再造的理论文献可以按照两条线索来进行梳理：一是以较为宽泛的视角探讨一般企业主要是制造业的再造问题，在管理领域有一定的研究成果，但大多还是集中在信息技术领域；二是专门的银行再造文献，其数量较少，也是侧重于从信息技术角度研究问题。

一、企业再造文献回顾

（一）再造溯源——对劳动分工理论的扬弃

1776年，亚当·斯密（Adam Smith）的《国富论》一书出版，标志着劳动分工理论的诞生，其基本观点是"分工出效率"。分工的经济性主要表现在：（1）工人因为分工可将其生产活动集中于少量熟练的操作环节上，劳动效率明显提升。（2）工人在不同生产环节和活动之间的转换导致大量的时间浪费，分工能有效解决这一问题。（3）分工促使大量有利于节省劳动的机器问世，从而提高个体工作效率。

此后，许多学者和实践家对劳动分工理论进行了极富意义的探索。查尔斯·巴贝奇（Charles Babbage）专注于生产成本，分析了通过分工节约成本、提高效益的可行性。泰罗（Taylor）提倡职能分工，使管理作为一个专门职业从单纯的生产活动中独立出来。在此基础上，亨利·法约尔（Henry Fayol）分析了从计划到控制的"管理流程"，对管理职能本身进行了分工。亨利·福特（Henry Ford）提倡"工艺分工"，吸取了分工理论及科学管理理论的精华，他发展的流水线批量生产方式在工业革命史上具有里程碑的意义。之后，阿尔弗雷德·斯隆（Alfred P. Sloan）在对原有组织结构模式进行利弊分析的基础上首创了"分权的事业部制"，这一模式一直为后来的大型企业所青睐。

但是随着科学技术的日益进步和劳动方式的不断更新，分工在带给人们利益的同时，也产生了不经济性，主要体现在：（1）"劳动的异化"是一个无法回避的问题，劳动者失去人的本性；人类福利的损失成为分工发展的副产品。（2）造成了交易费用的增加；分工越细，则交易频率越高，交易费用也越高，甚至使分工所产生的效率为零。随着这些不经济性日益明显和尖锐，人们开始突破劳动分工理论的桎梏，转而寻找企业管理新的出路。

道格拉斯·麦格雷戈（Douglas M. Mcgregor，1960）在《企业的人性面》中提出了"Y理论"，他主张个人目标必须与组织目标相融合，指出企业管理目标本身是对员工人格的尊重。弗雷斯特（Forest，1965）在《新型企业的设计》中设想了一种新型企业模式，预言在信息技术条件下将会出现一种"不断变化的组织关系结构"，它经由员工个人自由磋商而成。奈斯比特和阿布尔丹（Naisbitt&Habourdin，1985）在《再造企业》中详述了企业管理应有的变革行动，就打破科层管理体制和建立新型企业发表了许多见解。

（二）企业再造理论的演变

20世纪70年代，世界经济步入繁荣时期，西方各国的企业着力于业务大幅扩张，导致机构膨胀，管理不到位，人力成本急剧增加，面临持续发展的瓶颈。为了解决这一问题，进入80年代后，大多数企业采取机构扁平化、降低福利费用等手段，以削减企业经营管理成本，改善效率，尽管收到了短期效果，却无法从长期解决根本性的问题。因为这种做法主要是粗放的强行削减方法，而不是借助改变做事方式即业务流程的再设计来节省成本。因此，企业普遍感到通过内部节省成本的源泉近乎枯竭。如何摒弃传统经营理念，转变粗放式的发展路径，通过信息技术的推动，积极挖掘企业内部资源，改造工作方式和工作流程，整合企业核心能力，实现内涵式的飞跃发展，成为当时理论界和实务界密切关注的一个课题。

1988 年，戴维斯（Davies）通过《2001 年的管理：现在管理未来》一书探讨企业时空性质在信息技术条件下发生的变化，指出可以借助信息技术来重建企业价值链，重新思考了企业在信息社会中的管理理念和发展策略。

1993 年，哈默（Hamer）和钱皮（Champy）发表其经典著作《企业再造》，书中给出了最广为人所接受的再造定义：对业务流程进行根本性的再思考和彻底性的再设计，以取得企业在成本、质量、服务和速度等衡量绩效的关键指标上的戏剧性变化。这被看做企业再造理论形成的标志。书中还提出：企业再造的首要目标是重新设计工作流程和组织结构，以便于流程合理化并获得价值增值。需要创造性地使用信息技术来寻找新的工作方法；通过打破传统的组织结构模式和运行规则，以流程为主导来规避现有组织边界的局限。哈默和钱皮"从聚焦任务转向聚焦流程"引发了管理理论的一次历史性飞跃。

1995 年，哈默（Hamer）与斯坦顿（Stanton）的《再造革命》一书出版，主要是在理论分析的基础上，对企业再造的实践进行了有益的研究和探索。次年，哈默又出版《超越再造——以流程为中心的组织怎样改变我们的工作和生活》一书，分析了人们的工作和生活方式可能因为企业再造而遭受巨大的影响，人们需要做好应对的思想和技能准备。与此同时，企业再造的实证研究不断为研究者所关注，从另一方面丰富和深化了再造理论。

尽管对于企业再造的定义、内涵和策略的认识各不相同，但是业务流程再造（Business Process Reengineering，BPR）是最流行的常用词，哈默对"再造"一词的定义则是所有流程再造定义中最为经典的一个。这些定义从不同角度形成了对"再造"的一些共识：

1. 对现有业务模式及其实践的再思考至关重要。哈默和钱皮（1993）认为它不是简单地去补充任何现有框架下的东西，而是从头开始，全面再来。这种再思考来源于一种新的理念，即现有经营模式和业务实践已经不符合现实的要求，企业必须从根本上摒弃长期以来所遵循的经营理念。

2. 再造定义的核心内容是对流程的关注。企业所有的工作均由一系列彼此关联的流程组合而成，并依照相应的逻辑关系进行演化以满足客户需求。再造已经演变成一种分析和根本性重组企业新流程的持续性运动；与之相关联的组织结构也必须进行适应性变革。它包含三个层面的意思：(1) 建立在流程之上的组织必须打破基于职能分工的科层制，实行跨功能、跨部门的小组或团队制，根据活动的自然流程来进行组织设计。(2) 以客户为中心，再造的最终目标必须满足客户（包括内部客户和外部客户）的需求；哈默（Hamer, 1990）认为业务流程的每一个环节都应该毫无例外地为客户创造新的价值增值。(3) 信息技术已经成为再造活动最重要的助推器，它在客观上导致了经济可行的新经营解决方案的出现。

3. 再造的最终目标是企业绩效的显著提升。哈默的再造定义包含了戏剧性的绩效改进和附加的高收益，除了可以量化的会计上的绩效增加外，再造带来的额外收益也是相当可观的，如客户满意度的提升、员工的关注和投入、经营灵活性的加强、企业文化的优化、信息技术改善所带来的持续推动力、更好的内部工作流程和客户行为的控制等。

从总体文献上看，企业再造研究贯穿始终的核心内容是流程再造，这从哈默和钱皮在1993年关于再造的经典定义中可以看出。但随着再造理论和实践的不断演进，再造的内涵大幅拓宽到包括企业变革的方方面面，再造重心也由单纯的流程变革转向涵盖管理再造在内的综合性变革。

二、银行再造文献回顾及述评

银行再造理论源于企业再造。由于银行经营中的同质化竞争，业务流程已经成为银行运作的生命线。传统流程存在的诸多缺陷是银行推行再造的深层次原因：(1) 业务流程设计的出发点是银行本身的价值和利益，基本上忽略了客户的需求。(2) 强调普遍性和大众化，在产品创新和流程设计上一味要求标准化，忽视个体性和特殊性，片面追求产业规模效益，是一种粗放式的运作模式。(3) 过分关注以部门职能为基础的局部均衡，而忽视整体的重要性，员工组合和团队建设通常以业务的相同或相似来实行。(4) 强调当前利益的重要性，出发点仅仅是如何将现有的事情做好，而很少考虑正在做的事情是否具备有效性、是否产生价值增值。因此，银行成本结构中充满了重复冗余的活动内容、繁复的科层管理结构、双重甚至三重控制以及其他历史遗留痕迹。

20世纪90年代，愈演愈烈的存款脱媒、存贷款利差缩小以及贷款需求减少等现象使得银行迫切需要变革。无法持续发展的成本和定价结构成为传统利润来源的瓶颈。当粗放式经营难以为继时，必须改变工作方式，转向内涵式发展。在这一点上制造企业同银行有着许多共性：如制造类企业在生产决策过程中，通常会致力于分析自身的作业流程，确定出其中的关键线路，以便生产安排合理化，实现时间最省、成本最低的管理目标。这种思路同银行再造活动中的流程诊断和流程分析，尤其是有关流程成本分析是异曲同工的。此外，生产制造型企业需要对其产品功能、成本收益等进行对比分析，删减没有价值或者成本收益明显不对等的功能，以提高产品综合效能；而银行再造则是将价值链分析和成本分析在银行整体层面的推行。所以，适用于企业的流程再造同样适用于银行系统。

既然银行现有的工作流程及相应的组织结构存在重新设计和内部挖潜的可能性，而且对银行这类服务型企业来说，差异化、高效率的流程又是至关重要的，那么，在以流程再造为核心的企业再造逐步取得实质性效果的背景下，更为必要和迫切的银行流程再造也就应运而生。

（一）银行再造的国外研究

从 20 世纪 60 年代开始，银行新的思想和理念不断出现，从法人治理、业务流程、组织结构、战略选择、经营策略等多个层面来解决银行的可持续发展问题，进而导致了企业价值观的分化，有力地推动了银行管理理论和经营变革思想的探索。在国外，关于银行再造的研究整体上历经了"混沌"时期和"显学"时期两个比较明显的阶段。[①]

1. 银行再造研究的"混沌"时期。20 世纪 60 年代，新的思想和理论不断问世，它们分别关注组织结构、战略问题或经营策略等方面。从 70 年代中期开始，银行业评论家们一直在预测银行业的消亡；而从某种角度来说，银行业似乎成为其本身最大的敌人。进入 80 年代，关于银行管理变革的思想越来越多样化，银行再造理论不断出现一些具有原创意义的研究。Hank Goodstein（1988）发表《通过重新设计工作系统来提升生产力》一文，指出经营绩效的提升可以从工作系统和活动方式两方面着手进行；这实质上已经是银行的二级和三级流程再造。Paul F. Janno（1993）的《改进银行利润》一书出版，就银行的定价策略和利润增长问题提出了独到的见解。可以说，他们两人的观点代表了 20 世纪八九十年代第一代银行再造的主流思想。与此同时，第二代银行再造的理念也开始出现。Harold

---

① 田晓军. 银行再造［M］. 上海：上海财经大学出版社，2002.

W. Gourgues、Jeffey R. Lauterbach（1987）的《金融服务业的革命》和 Lowell L. Bryan（1988）的《分解银行：重围下的再思考》两本书对银行传统运作系统（一级流程系统）的转变和分化提出了前瞻性的思考。

这一研究阶段，可以说是银行再造思想的开山和启蒙时期，不少学者进行了积极的探索，出现了一些经典之作，在一定程度上推动了银行再造理论和实践的发展。尽管如此，此时的银行再造研究还缺乏明晰的思路，许多原创性的再造思想探索被掩盖了，其研究的出发点还处于集体无意识和相对混沌的状态。所以，它被称做"混沌"时期的银行再造研究。

2. 银行再造研究的"显学"时期。20 世纪 90 年代，关于银行再造的研究逐步走出原有的混沌和自发状态，整体上发生了从量变到质变的转化过程，进入"显学"时期和自觉状态。1992 年，美国银行管理咨询专家 George M. Bollenbacher 发表《再造金融流程》一文，对银行流程再造的内涵进行了全面、系统的论述，将银行再造运动推向新的高潮。同一时期，不少学者和研究机构将流程再造当做提升银行和客户盈利的一种法宝，着力为银行经营变革问题寻找解决途径。

1994 年，美国银行再造专家保罗·艾伦（Paul H. Allen）出版其具有划时代意义的经典著作《银行再造——存活和兴旺的蓝图》一书，将哈默的企业流程再造理论全面、系统地引入银行业。该书被研究者视为银行再造理论体系真正形成的标志。他在书中给出了银行再造的经典定义：银行为了获取在成本、质量、反应速度等方面显著性的改变，以流程为核心进行的根本性的再思考和彻底再设计。该书详细介绍了银行再造的背景、原因、时机、基本原则、动力和系统性方法，并对中州金融集团、大通林肯第一银行、星银集团再造的具体案例进行了深入剖析。他认为，由于银行不同的活动、流程、功能、物理设备及系统成本杠杆之间是密切关联、相互影响的，银行成本大多是多客户、多产品和不同地域网点的共同成本，具有相互依赖性和复杂性，因此，银行再造不应该是对单个流程或功能的重组，而应该是综合的流程再设计。确定客户作为服务的中心，银行必须检查自身对客户服务的方式，以更好地满足客户不同需求，并密切关注市场和竞争对手。但是，他的研究有其局限性，他没能清理出银行再造的理论线索和设计轮廓，而只是描述了一些银行再造的策略、方法和实践；其研究主要是 90 年代中期之前银行再造实践的总结和回顾，缺乏对银行再造演进趋势的前瞻性探讨。

1994 年，Katherine 分析了营销在银行再造中的作用。再造的目的是促使银行的成本更低，服务更快捷，以提升客户的忠诚度。银行营销的关键作用在于细分不同的客户组群，根据客户需求推出有针对性的创新服务和产品，并拓宽和增加有效的具有竞争力的服务渠道。此外，在银行再造中要重视客户、股东、员工和管理者等关联方利益的协调，要考虑银行与客户之间的关系，分析客户的需求指向是否合理并具有价值，评估银行是否应该提供这些客户所需要的服务，以在股东利益和客户利益之间取得平衡。因此，必须充分了解与分析客户需求和市场信息，以夯实银行再造实施的基础。同时，管理者和员工的共同参与是银行再造的关键，自上而下以及自下而上的团队合作是银行再造的重要特征。再造后的银行组织结构由科层化变为扁平化。

1995 年，John H. Wolfarth 与 Paul H. Allen 分别发表了《专注于流程改进》和《再造只是银行文化变革的一种催化剂》两篇文章。前者指出银行再造应区别于其他形式的变革，再造不能被滥化，它重点关注的应该是银行业务流程而非组织结构；而后者倡导银行再造只是企业文化变革的一种催化剂，虽然着眼于流程，但银行的管理思维、组织结构、权力分配、价值观、员工技能等因素，都应该随流程再造而产生重大变革，流程再造的绩效才能显著提升；银行要步入一个崭新的境界，必须经过企业文化的转型和重塑。这两篇文章标志着银行再造研究从激进主义趋向冷静思维。

总体来说，20 世纪 90 年代中期之前的第一代银行再造，借助信息技术作为主要的手段和推动力，实现了常规人工手段所不能达到的理想效果。因此，哈默十分推崇信息技术在流程再造中的积极作用。这一阶段银行再造理论的基本逻辑是：信息技术必须应用于银行的全部业务流程和组织内部所有的活动，而不是局限于某个环节或者某个部门，再造应该是跨部门、跨功能的。因此，要把整个银行视为一个流程整体，并导出相应的组织结构，由此就打破了一直以来职能分割、官僚主义所带来的组织机能障碍。

银行再造理论发展到 20 世纪 90 年代中后期，其前沿研究从第一代迈向第二代新的纵深领域，即由组织内的再造转向组织间的再造。1997 年，Donald B. Taylor 的《战略性外包》一文，就新形势下银行组织的边界问题进行了深入阐述，提出实行战略性外包的构想；2000 年，Phil Middlenton 的《新革命》对第二代战略再造的总结和探索继续沿用了这一思想。此外，一批信息技术专家则从信息化角度丰富了银行再造理论，如1999年，James Essinger所著的《虚拟银行革命：客户、银行与未来》，2000年，杰弗·沃德金斯（Geoffrey Wadkins）的《信息技术、组织与人：英国零售金融服务部门的转型》以及卡灵顿等（Carrington et al.）所著的《银行革命》等，这些研究都突出了信息技术在银行经营变革中的关键性作用。

第二代银行再造是基于战略外包、战略联盟和虚拟组织的银行再造。随着第一代银行再造实践的成熟，内部的效率之源已经日益枯竭。人们开始关注银行外部与各类金融企业、非金融企业之间的边界，发现它是银行可以利用的另一个巨大的潜在能源，进一步的再造应该可以在这种企业之间的界面上开发出外部效率，这将是银行业在整个金融产业范围内的又一次再造。第二代银行再造在承认信息技术巨大推动力的前提下，更重视银行是一个虚拟式组织，它以内外部资源的整合和企业能力的升华作为基础，基于银行价值链的延伸和重组，将许多相关联的专业组织紧密联结在一起，形成一个整体的流程运作过程。这样，银行再造由组织内部延伸到组织之外。

（二）银行再造的国内研究

国内有关银行再造的研究显然晚于国外，基本上是从21世纪才真正开始的，而且系统性的文献资料比较少见，只有一些散见于各处的期刊论文，基本上是简单的概念性描述和总结，对银行再造的意义、作用、理念、内容、策略、方法等问题进行了罗列和说明，缺少深入、系统的实证研究和案例研究，理论也不成体系。银行再造的原创性著作寥若晨星，而关于银行流程再造的前沿研究更是凤毛麟角。下面主要针对有关著作和一些优秀博士论文的研究加以说明。

2000年，金运、陈辛出版的专著《银行再造：浦发银行重组上市的探索与前瞻》，对当时准备进行股份制改造的国有商业银行具有积极的参考意义。该书详细介绍了新兴的浦东发展银行整个重组与上市的历程，对商业银行如何进行股份制改造、如何争取上市等方面的问题进行了探讨。但客观地说，该专著的着重点是银行的产权体制和治理机制改革，不属于专门意义上的银行再造范畴。

2001年，上海福卡经济预测研究所出版专业论文集——《中国银行：再造有多险》。此书涉及的范围比较广泛，包括微观层次和宏观层次的银行再造。其中收录了国内理论界和实务界关于银行再造的一些论述，视角比较广，其中存在一些精辟的论述，但理论不够系统。

2002 年，刘桂平出版专著《中国商业银行再造》，该书对我国商业银行流程再造的研究理论联系实践，具有较强的理论价值和现实指导意义。他重点研究了商业银行如何构建其微观运行机制，这在一定程度上超越了银行再造最基本的范围。他认为在银行再造系统工程中，其核心是业务流程再造，其保障是组织结构再造；在完成业务流程和组织结构再造、银行核心竞争力显著提升后，最终的经营范围再造成为一种必然的结果。

2002 年，田晓军所著的《银行再造》具有十分重要的开创性意义。他从内涵到外延界定了银行再造的概念，强调银行再造的内涵是业务流程和本质性变革，其核心内容是流程再造；银行再造理念及范围的延伸与拓展最终必然导致银行经营范式的彻底转换。此书不是针对银行再造管理的系统研究，而是专注于银行再造设计。著作者将理论与实践相结合，就国内外银行业的经营与变革实践，上升到哲学层面进行了富有意义的探索。他针对银行再造进行了全面而深刻的分析与阐述，研究体系的系统性和逻辑性比较强，而且不乏理论的前瞻性。

2003 年，熊继洲的博士论文《国有商业银行体制再造研究》，从一个比较宽泛的角度对国有商业银行再造问题进行了研究，他提出体制再造是国有银行改革的本质，并且从公司产权理论、委托代理理论、公司组织理论三个方面进行了理论研究。事实上，该文的论述内容属于广义范围的银行再造，而且论述面较广，对微观层次的银行再造指导意义不大。

2004 年，聂叶的著作《银行再造：理论与实践》，是其在 2003 年博士论文基础上形成的专著。该书关于管理再造对银行流程再造以及整体再造作用的研究，在一定程度上推进了银行流程再造理论的发展。作者认为银行再造的灵魂为价值管理和管理创新，而理念的再造是其核心前提。作为银行再造的核心，流程再造不是一项独善其身的改造活动，它需要银行管理再造来予以支持和保障。流程再造构筑了银行再造的基础，组织结构创新、作业成本管理、客户关系管理、虚拟化经营等是银行再造的后续工程。创新的管理理念、来自价值观和企业文化的变革是实施这一系统工程的重要前提和推动力。

2004 年，桂泽发的博士论文《中国商业银行再造研究》，对银行再造的内涵、动因、内容、方式等一系列问题进行了研究。其论述范围涉及业务流程、组织结构和经营体制等方面的再造问题，对中国银行业再造的基本框架和实施路径进行了有益的探索，尤其是其中关于流程再造内容的论述比较系统和实用。但其中关于经营体制的再造则不属于微观银行再造的范畴。

2004年，张民出版《现代商业银行管理再造》一书，其最大意义在于两个方面：一是强调了管理再造在银行整体再造中的关键地位；二是分析了风险控制在流程再造中的重要作用。他指出银行再造可以提高我国商业银行的国际竞争力，商业银行再造的核心使命是业务流程再造，其中风险控制流程再造是实现各利益关联者价值最大化的必要防线。

2005年，龚玉霞的博士论文《中国商业银行再造及创新研究》，从我国商业银行再造的迫切性和必然性、业务流程、治理机构、组织结构、新型银行模式、再造困境等六个方面进行了我国商业银行的再造研究。文中还就公众意识的存在对银行再造可能带来的困境及其注意事项进行了富有特色的探讨。论述涉及面较广，但在业务流程再造方面的研究不够深入。

2006年，杨谷芳的博士论文《基于成本与人本理念的信贷管理再造》，从成本理念和人本理念的角度出发，对信贷管理再造过程中的信贷文化、信贷业务流程、组织结构模型、业务外包与战略联盟、人力资源管理、客户关系管理、成本管理转型等方面的再造进行深入剖析，并提出了多维综合绩效评价方法应用于信贷流程绩效分析的基本框架。

2007年，方五一的著作《我国商业银行业务流程再造研究》，主要从技术层面对我国商业银行如何进行业务流程再造进行了系统而深入的研究，提出业务流程再造分为策略的形成、实施和绩效评估三个阶段。业务流程再造是银行再造的核心，作者明确了我国商业银行进行业务流程再造的一系列前提和模式化工具；分析了应如何克服各种影响再造成功的风险因素和阻力，以便构建一个真正有效的银行再造模式；同时从一个新的研究视角对再造效应的评价作出了探讨。

2009年，方五一的博士论文《商业银行业务流程再造前风险的评估与规避研究》，以我国商业银行流程再造前的风险为研究对象，通过明晰流程再造核心决策内容及各种决策的特点，研究了商业银行识别再造时机、设定再造目标和审视再造条件的决策方法；提出基于模糊综合评价法的识别流程再造条件的方法，同时建立了再造时机和再造条件的决策模型。该文关于银行流程再造风险的研究填补了国内同类研究的一个空白。

2009 年，王李的博士论文《中国商业银行再造研究》，从银行再造前后效率不同的新视角进行了相关研究。他利用前沿分析法对银行再造前后的效率进行了测量、评估、比较与差异化分析，得出并非所有的再造都能提高银行效率的结论，并进一步指出：只有围绕影响商业银行效率的主要因素所进行的再造才有可能是成功的再造。该文归纳出商业银行再造的主要方向为业务流程、组织结构和信息系统等三方面。

（三）银行再造文献述评

纵览有关文献，银行再造理论和实践经历了一个从"混沌"到"显学"、从局部到整体、从银行内部到银行外部、从组织内走向组织间的渐进完善过程。具体成果概括如下：

（1）早期的银行再造研究受制造企业再造研究的影响，专注于银行流程的再造，认为银行再造的意义就在于突破、追求出色的流程设计，片面相信效率改进的潜力是无限的。此时的银行再造还仅仅是一个技术和手法上的流程问题，没有涉及管理理念的创新和管理模式的再造。

（2）20 世纪 90 年代中期，从 John H. Wolfarth 与 Paul H. Allen 开始，管理再造的思想被引入，银行再造上升为一种哲学和思想方法，认为流程是银行经营战略、组织结构、管理制度、企业文化等因素交互作用下的产物，银行应以流程再造作为契机，对银行整体的经营范式进行重新审视。这时候的银行再造开始显示其全面性和彻底性。

（3）20 世纪 90 年代中后期，银行再造由组织内走向组织间，战略联盟、业务流程外包、虚拟银行经营的研究逐步出现，丰富和深化了对银行再造的研究，也在一定程度上指出了银行再造未来演进的趋势。

（4）国内研究中关于银行再造的内涵不断扩展，由最初单纯的流程再造，到组织结构再造，进一步涉及公司治理、产权改革、经营模式、企业文化、人力资源等方面的再造，虽然研究工作已趋向全面，但整体来说还不够系统和深入。

（5）几乎所有的银行再造研究都具有两个显著的特点：一是认为流程再造是银行再造的核心和基本出发点，二是强调信息技术在银行再造中起着非常关键的助推器作用。

综上所述，目前对银行再造的研究有许多成功之处，它们是本书研究的理论基础和起点，但也存在一些缺陷和不足，主要体现在以下几个方面：

（1）银行再造处于不断演化之中，再造思想正在形成一个"谱系"，但是目前的研究还缺乏足够的视角来对此作出一个全景式的描述，这使得银行再造研究尚不足以称为一个完整、统一的思想体系，它更多的是一系列相关管理理论的组合。这是目前银行再造研究最迫切需要解决的问题，也是一项系统工程。

（2）主要研究重点放在银行流程再造上，而对与流程再造相配套的管理再造的系统性和权威性研究不足，这种研究更像是对一种管理技术和管理工具的研究。对银行管理再造及其对银行流程再造的影响进行比较系统论述的在国内主要是聂叶（2004）和张民（2004）。

（3）大量的研究没有将企业战略理论与银行再造有机结合，在一定程度上导致银行再造缺乏前瞻性和可持续性，即为了再造而再造。事实上，银行提出再造之前必须进行细致的战略分析，明确其市场定位和长远发展目标，在此基础上进行动态再造才具有针对性且不会迷失方向。

（4）多数研究一般就事论事地阐述银行再造的基本理论和普遍方法，但是对银行再造的可行性以及再造广度、深度的分析比较欠缺。如银行再造的时机和条件是否成熟；怎样规避风险；银行是否有足够的资源和能力支持一场再造运动，这些资源和能力如何有效组合才能拓展再造的广度和深度。

（5）现有的银行再造研究（尤其在我国）基本上以理论探讨为主，缺少系统的实证分析和案例研究，因此现实指导意义欠缺。

（6）国内外银行再造的理论研究通常是针对整个银行系统，但很少涉及不同类型银行再造模式的选择。就算是某些咨询专家的案例研究和实证研究，其对象也往往只是某一家银行（而非某一类银行），因而带有浓厚的个体实用主义色彩和片面性。

根据上述问题和不足，本书将对其中的（3）（4）（5）（6）四个方面进行较为详细的探讨，并提出自己的观点和研究结论，对（2）也将进行相应的分析。

第三节　研究的范围、逻辑结构、方法和创新点

一、研究范围

国内现行的有关再造的文献中对"再造"的定义已经在哈默和钱皮

（1993）经典定义的基础上大大提升，其范围几乎涉及企业和银行宏观与微观变革的所有方面，已经远非再造首倡者当初的本意。

田晓军（2002）认为，流程和本质性变革是银行再造的基本内涵，流程再造是银行再造的核心使命。从广义上来看，流程是银行的战略目标、管理制度、经营方式、组织结构、信息技术、人力资源、企业文化、价值观念等交互作用下的产物，银行再造不再是一种纯粹的技术手段，它已经逐步升华为一种管理哲学和思想方法。熊继洲（2003）对银行再造的研究范围包括业务流程再造、公司治理、组织结构再造和新型银行模式。聂叶（2004）认为，流程再造是研究银行再造的出发点，流程的实质性变化是检验银行再造的"试金石"，但是银行再造还必须有组织结构、经营战略、人力资源、企业文化、价值观、客户关系管理等方面的配套变革即管理再造，流程再造和管理再造共同构成了银行再造的系统工程。桂泽发（2004）对银行再造的研究涉及业务流程再造、组织结构再造和经营体制再造。龚玉霞（2005）的银行再造研究范围包括业务流程、银行治理结构、银行组织结构和新型银行模式。王李（2009）认为银行再造的主要方面包括业务流程、组织结构和信息系统。因此，最为广义的银行再造研究范围涵盖流程再造、管理再造、银行改制、银行重组、公司治理、银行业务综合化、新型银行模式等多方面。

本书的研究重点是微观银行再造框架，或可称为狭义的银行再造，即以战略管理基础上的银行流程再造为主线，不包含银行改制、银行重组、公司治理、银行业务综合化等研究范畴。研究的起点是相关文献综述与理论基础，以企业资源与能力理论和价值链理论作为本书主要的研究视角，以我国农村信用社的流程再造作为载体，并将它们贯穿于全书的逻辑分析框架之中。同时，本书还对与银行流程再造关联性较强的管理理念创新、组织结构再造和客户关系管理等方面作了必要的分析与探讨。

二、逻辑结构

如图1-1所示，本书共分为六章，研究的起点是相关文献综述和理论基础。采取从一般到特殊、从理论到实践的研究思路，并结合银行流程再造的实践进行案例研究，提出相应的启示。

首先从一般角度出发进行基础理论的分析，多方面探讨银行再造研究中所蕴涵的经营管理思想变革。同时，通过第一章的文献综述归纳出现有理论研究已经取得的成果及存在的不足；然后，根据这些不足，第二章、第三章重点探讨了银行流程再造的两大关键问题——流程再造理论基础以及再造的前提条件和基本要素，分析为什么要进行流程再造，再造的动力、风险规避、时机和条件的选择，如何进行再造。根据企业资源与能力理论，银行必须依据战略发展目标，通过流程再造，充分发掘和整合资源，提升其核心能力，才能形成动态、可持续的竞争优势。此外，企业战略管理理论、价值链理论、交易成本理论、外包理论和组织结构理论等都从不同角度诠释了银行流程再造的理论渊源和行为方式。在上述理论支持下的银行流程再造，应伴有管理理念创新和信息技术创新，同时要注意从战略管理高度对流程再造进行严格的可行性研究，分析选择流程再造的时机和条件，并规避再造风险，以提高再造的成功率。

　　然后从特殊角度出发，分析了我国农村信用社经营管理的现状、发展中面临的问题，以整个第四章的篇幅有针对性地对农村信用社的主体流程再造、战略性外包以及与之相关的客户关系管理、适应性组织结构再造等方面进行较为深入的分析和研究，旨在建立一套适合中国国情和农村信用社自身特点的流程再造理论和经营范式，实行全面的短期渐进性与长期彻底性相结合、前瞻性与现实性相结合的流程再造工程。

　　第五章则以笔者所工作的广州农村信用社的流程再造实践，结合笔者多年从事银行业务和银行管理的工作经验进行案例分析。自 2006 年以来，广州农村信用社一直有计划地实施一系列循序渐进且日趋彻底的再造运动，先是借助全国农村信用社改革试点的大好形势，完成了企业产权模式和法人体制的改革，完善了现代企业治理机制；在此基础上，对管理理念、企业文化、人力资源、工作流程、组织架构、绩效考核、业务创新、经营模式等方面进行了大量的日见成效的改造。笔者选取其中最为关键的流程再造部分进行重点分析。通过这一案例的分析和探讨，佐证了相关理论在再造实践中的指导作用，并为我国其他农村信用社的流程再造提供了一些有益的借鉴和启示。

　　第六章得出了研究结论、局限性和后续研究展望。本书研究结论包括五点，其中首要的结论是流程再造是基于资源整合—能力跃迁—绩效提升过程的动态变革，这也是本书的创新点之一。对研究局限性和研究展望的分析，意在使本书在理论研究和实践运用上更具有针对性和前瞻性。

导论

↓

文献回顾与述评

企业再造文献回顾：
1.企业再造是对劳动分工理论的扬弃。
2.哈默和钱皮给出了经典的再造定义。
3.从总体文献上看，企业再造研究贯穿始终的核心内容是企业流程再造。

银行再造文献回顾及述评：
1.国外银行再造研究经历了"混沌"和"显学"两个阶段。
2.国内银行再造研究理论不系统。
3.从内到外、从局部到整体渐进完善的过程，但存在一些缺陷和不足。

相关理论基础

企业资源与能力理论（核心理论）

企业战略管理理论

价值链理论

交易成本理论

组织结构理论

外包理论

银行流程再造的基本要素和逻辑框架

流程再造的动力——管理理念创新、战略目标和信息技术创新

银行流程再造的可行性分析——风险管理和时机选择

农村信用社流程再造的实施

相关制度背景及现状分析

主体流程再造，包括前、中、后台再造

流程的战略性外包

流程再造中的客户关系管理

适应性组织结构再造

案例研究：广州农村信用社流程再造

背景资料及流程再造动因

资源整合与流程重新设计

核心竞争力的形成——流程再造

案例的启示

研究结论、局限性与展望

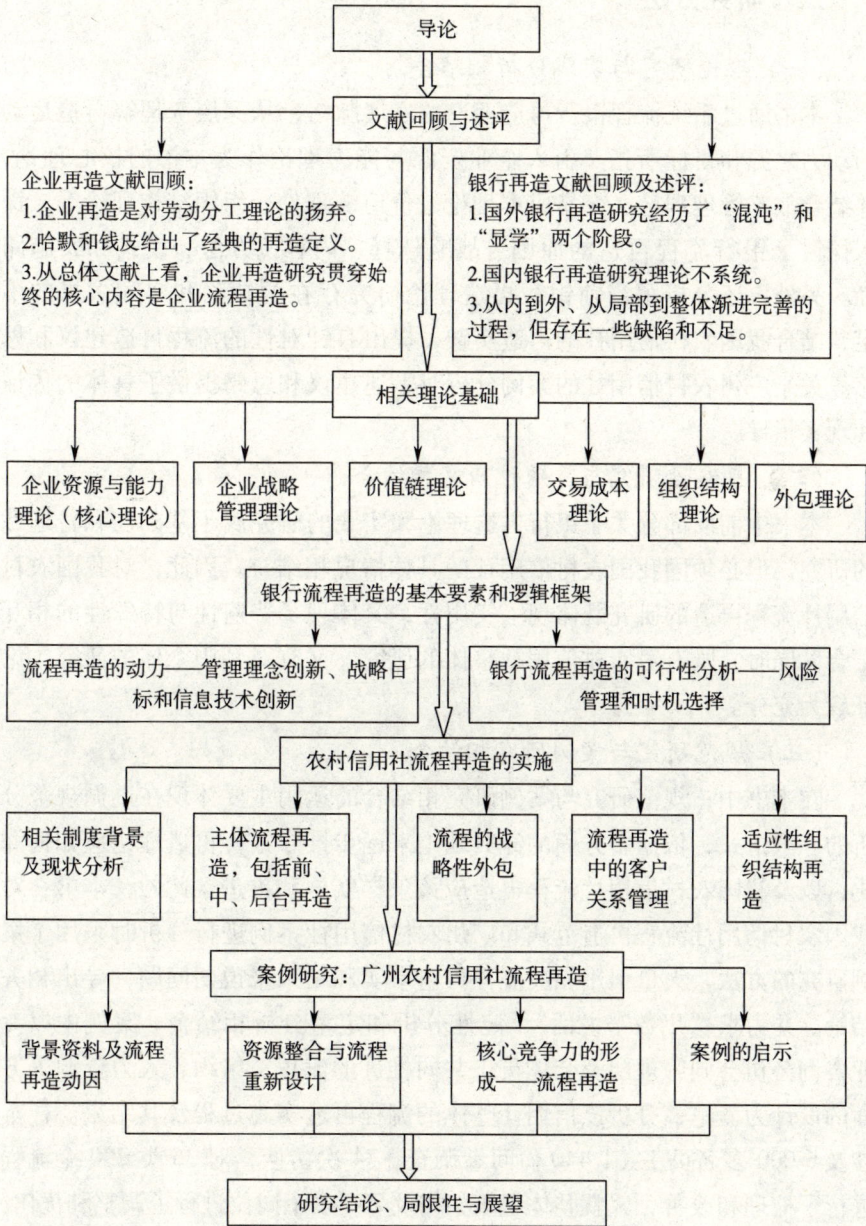

图1-1 本书的逻辑结构示意图

三、研究方法

（一）理论研究与实践分析相结合

本书通过系统梳理银行再造理论的发展脉络，从深层次理解再造运动的动力之源和目标所指。引入企业资源与能力理论作为本书的核心理论，并结合战略管理理论、交易成本理论、价值链理论、组织结构理论等，深入探讨了银行流程再造的原因、战略选择、内容、方法、模式和实施路径。另外，还分析了当前银行再造理论研究存在的缺陷和实际效果的不足，结合我国农村信用社的再造实践，提出有针对性的流程再造建议和思路。关于广州农村信用社的案例分析对上述建议和思路提供了具体的佐证和现实指导。

（二）普遍性研究与特殊性研究相结合

本书中前面部分关于银行再造理论和实践的研究属于基础性和普遍性的研究，但必须同我国农村信用社的具体情况相结合。因此，对我国农村信用社流程再造的研究既体现了实用性，又体现了普遍性与特殊性的相互结合。同时，既有对农村信用社整体的研究，又有对其中个体的研究，论证较为充分。

（三）规范研究与案例研究相结合

在本书中，规范研究与案例研究相结合的运用主要体现在遵循规范分析的一般范式，依据多方面的经典理论来逐步推导银行再造理论应如何深化，以及我国农村信用社流程再造应该怎样实施和推进。此外，本书在对我国农村信用社流程再造范式和广州农村信用社案例进行分析时采用了案例研究的方法，大量引用相关流程再造事实和结果来说明问题，导出相关结论，并力求"用数字说话"，定性分析和定量分析相结合。案例中以专业咨询公司会同管理层及全体员工共同推进的流程、组织、人力资源等方面的设计为蓝本，分析该信用社整体的流程再造实施过程及其结果。样本涉及6 000多名员工、1 440份问卷调查、74次访谈，对36类290个流程进行了梳理和改善，并就整体组织架构及200多个岗位进行了调整和优化。案例中还分析了广州农村信用社自2006年正式启动以流程为核心的银行再造工程以来，存贷款规模扩张、利润增加、资产质量改善及工作效率提升等方面的数据，以此佐证银行再造的整体思路和实际效果。

四、创新点

本书结合理论分析和实践探讨，试图在现有研究的基础上有所创新。

1. 流程再造是基于资源整合—能力跃迁—绩效提升过程的动态变革。本书在银行流程再造研究中交叉融合管理学、金融学等学科相关理论，以企业资源与能力理论作为理论基础，并结合其他相关理论深入分析银行流程再造的理论渊源和基本逻辑，以及流程再造在充分发掘和整合银行资源，提升核心竞争力，形成动态、可持续竞争优势方面的积极作用。流程再造的深度和广度体现在银行行为方式、组织结构、管理理念变革的有效性与彻底性，以及最终绩效变化的显著性上，但其成败在本质上依赖于银行可供支配的资源、能力的大小及其整合效果。流程再造案例的解剖和启示也对这一观点提供了佐证。

2. 从战略管理高度首次系统地对农村信用社的流程再造进行了理论研究和实践分析。国内外银行再造理论的研究通常是针对整个银行体系，对不同类型银行再造模式的选择这方面的研究很少涉及，尤其是对农村信用社流程再造的研究既不系统也不深入。笔者试图突破这一薄弱环节，结合银行战略管理理论和其他相关理论，对农村信用社流程再造的理念、内容、方式、基本要素、技术手段和发展路径等进行了较为深入的探讨，为针对不同类型银行系统性的流程再造提供了理论和实践借鉴。通过广州农村信用社流程再造实践的案例分析，进一步提出了我国农村信用社流程再造的优化路径。

3. 提出了我国农村信用社符合实际的组织结构模式和流程再造思路。在组织结构上，根据我国农村信用社的现实背景及发展特点，得出再造后的农村信用社组织结构应是多种模式有机结合的结论，并设计了具有农村信用社特色的组织结构模式，即"大总部、小分支"模式和简化的事业部制相结合，再根据业务发展需要辅之以专门的项目小组。同时指出，基于我国农村信用社尚处于改革发展不成熟的初级阶段，流程再造不能一蹴而就，必须是彻底变革（革命性）同持续性、渐进性变革战略相结合的理性模式。

第四节　本章小结

本章进行了再造文献的回顾与述评，分析了文章的研究背景、研究意义、研究范围、逻辑结构和研究方法，总结了本书可能的创新点。

文献综述部分先是对一般企业的再造文献进行了回顾，然后对银行再造文献进行了回顾与述评。国外银行再造研究经历了"混沌"和"显学"两个阶段；后期的银行再造研究由组织内走向组织间。国内研究中关于银行再造的内涵不断扩展，由最初单纯的流程再造，到组织结构再造，进一步涉及公司治理、产权改革、经营模式、企业文化、人力资源等方面的再造。银行流程再造研究的不足主要表现为：没有一个严整、统一的思想体系；专注于流程再造研究，而缺乏对管理再造的研究；战略管理理论与流程再造的有机结合不够；极少对流程再造风险和可行性进行研究；缺少案例研究和对某一类银行再造的系统研究，因此现实指导意义不强。这些问题和不足，是本书研究和创新的出发点。

本书的研究重点是微观银行再造框架，亦可称为狭义银行再造。同时还对与银行流程再造相关的管理理念创新、组织结构再造和客户关系管理等内容作了必要的论述与分析。以企业资源与能力理论和价值链理论作为本书主要的研究视角和理论主线，以我国农村信用社的流程再造作为载体，并将它们贯穿于全书的逻辑分析框架之中。

研究方法主要采用三种方式：理论研究与实践分析相结合；普遍性研究与特殊性研究相结合；规范研究与案例研究相结合。

后面的章节将以企业资源与能力理论作为研究主线，分别从理论、实务和案例的角度对银行（农村信用社）流程再造进行较为系统的分析和探索，并提出本书的研究结论和展望。

第二章　银行流程再造的理论基础

面对不断变化的客户需求、愈演愈烈的金融竞争和银行盈利水平的逐步下降，银行界曾经救助于成本管理策略。但实践表明，单纯的成本管理只能获得短期效果，难以解决长期的根本性问题。在此情形下，一种新的管理思想——银行再造应运而生。这是银行积极寻求经营、管理变革的必然结果。

第一节　银行流程再造理论

杨洪兰、张晓蓉（1997）在其著作《现代组织学》一书中把企业再造理论与系统理论、权变理论和行为科学理论并列为组织行为变革与创新的四种理论。作为组织转型的范畴，企业再造理论是对管理过程学派的一种创新。

一、银行流程再造的基本内涵

"银行再造"一词于 20 世纪 90 年代开始出现于相关金融文献中，对其内涵的表述可谓众说纷纭。比较典型的定义在国外来自保罗·艾伦，在国内则源于田晓军。保罗·艾伦（1994）在《银行再造——存活和兴旺的蓝图》一书中用"reengineering the bank"来界定、诠释其长久以来推崇的银行经营变革理念，并给出了银行再造的经典定义（如上一章所述）；他主张摒弃传统的职能式分工模式，从根本上重构银行业务流程。田晓军（2002）扩充和调整了银行再造的定义：银行再造是银行为了显著性地降低成本基础和提升活动价值，充分依托信息技术和外部专业化组织，以流程系统重新设计为核心展开的银行经营范式转换活动。[1] 这个定义更强调了银行再造的系统性和全面性。

---

① 田晓军. 银行再造 [M]. 上海：上海财经大学出版社，2002.

　　流程是银行内部各种逻辑关联活动和环节的总称。银行的整体经营效能，包括成本、收益、效率、服务渠道和质量、客户满意度等，均受其流程影响。对流程进行持续的反思和变革，是维系银行活力的根本保证。但银行流程往往是特定历史条件下的产物，具有一定的不变性，这种不变性流程对于不变或少变的生存发展空间来说是恰当的。然而，当外界环境发生剧烈变化时，不变性流程将导致银行的组织体系和运作方式僵化，从而使银行难以适应新的变化而陷入困境。在反思传统银行业经营行为的过程中，越来越多的人意识到，基于内部化、砖瓦式分支网络、细致分工、人工密集而建立起来的传统流程系统运作成本太高，是导致传统银行业在新金融时代居于下风的重要原因之一。银行经营转型无法回避的一个问题是，从改造业已形成的流程系统出发来提高经营绩效，以使银行摆脱传统桎梏，更适应未来的生存发展空间。银行再造正是这样一种以流程为抓手来实现转型的变革思路，换句话说，它本质上有别于传统的银行成本管理模式，而属于一种内涵式的经营转型模式。

　　银行流程再造要从战略管理的高度，以工作方式的再设计为中心，以价值增值为根本出发点，摒弃职能导向模式，而代之以流程导向，充分利用信息技术作为再造的助推器，减少管理层级，适度扩大管理跨度，使银行的组织系统更加柔性，反应更有效率，以满足随时变化的客户需求，最终获取成本、效益、质量和速度等方面的显著改变。流程改进可以有两种模式：一种是跳跃式的根本性变革，另一种是渐进式的边际性改良。银行再造无疑属于前者。仅仅在原有流程基础上实行局部的试探性改革，其效果有限。整体流程是否发生过实质性的变化是检验银行再造与否的"试金石"。

　　再造的终极目标是企业绩效的戏剧性改进。哈默和钱皮（1993）为再造确定了一个标准：成本降低40%，周期缩短70%，市场份额增长25%，企业收益和顾客满意度提高40%。再造的额外收益还在于经营灵活性的提高、企业文化的改善和客户关系的长期维系等。美国银行业是这场再造运动的先锋和受益者，其再造前后几项主要指标的变化情况如表2-1所示。

表 2 - 1　　　　　　20 世纪 90 年代美国银行业再造绩效　　　　单位:%

项目	银行再造前	银行再造后	最大变化率
平均资产收益率	1.0	1.5	50
平均资本收益率	14	20	43
平均风险率	63	50~55	21

资料来源:保罗·艾伦.银行再造——生存与成功范例 [M].北京:中国人民大学出版社,2006:17。作者作了适当修改。

银行再造在本质上不同于此前的渐进式变革理论,它需要全面检查和彻底改变原有的经营方式,是银行的再生策略。再造通过重新设计业务流程,把原本分割离散的流程依照自然原则合理地"组装"回去,建立一个扁平化、柔性化的新型组织。有研究者将银行改制也纳入银行再造的范畴,其实狭义的银行再造并不同于银行改制。改制的核心是规范产权关系和健全银行治理结构,是商业银行建立现代企业制度的过程;而银行再造并不涉及产权关系,重在内部运作方式和组织结构的变革。

从深层次来看,银行再造不只是一个手法上和技术上的简单流程问题,它已经上升成为一种哲学和思想方法。流程是银行经营战略、组织结构、管理制度、企业文化等因素交互作用下的产物,流程的不合理性只是问题的一种反映。因此,银行再造是一个在流程和组织结构变革基础上的全局性、系统化、彻底性和持续性的经营范式转换工程。

二、银行流程再造的动因和演进

当前,金融结构正从以间接金融为主向以直接金融为主转变,一个新的金融时代已经来临。新金融时代的要求与银行传统经营范式正发生着史无前例的剧烈冲突。正如托夫勒所说,银行业正处于一个"爆发时刻"。为了可持续发展,银行的经营范式亟须变革,其具体动因如下:

1. 技术创新和信息化趋势推进了银行再造。信息技术和网络正深刻改变着各行各业的经营环境。传统模式下生产和消费的隔离在信息化过程中不复存在,交易对手不用谋面即可在全球范围内随时随地进行交易。市场透明度和准入门槛因信息技术革命而改变,同业竞争日趋激烈。银行作为资金融通的中枢,必须适应信息化和经济一体化趋势,主动变革。

2. "以自我为中心"的银行经营理念已经动摇。从 20 世纪 80 年代开始,银行业加速进入买方市场。客户力量随着信息膨胀和获取信息速度的提高而不断增强，客户需求的内容多样化、服务方式个性化，对银行服务的要求越来越高，讨价还价的能力也越来越强。银行采取以产品为主导的经营策略和原有运作模式已不可行，必须满足客户的合意性，保证银行经营的生命线——流程系统对客户价值的增值，即将"客户中心主义"融入银行经营的整个运作流程和工作方式，为客户提供"3A"（Anytime、Any-where、Anyhow）服务，并按照新的空间观念来再造银行组织结构本身。

3. 新的银行运作形态和分工重组成为当务之急。从 20 世纪 70 年代开始，各类电子分销渠道如 ATM、自助银行、电话银行、网络银行等广泛出现，拓展了银行经营所能达到的深度和广度，银行传统上的物理分销网点不但优势渐失，而且背上了沉重的成本负担。比尔·盖茨曾经放言："传统银行将是 21 世纪灭绝的一群恐龙。"银行实力和品牌的象征已经不是实物资源和有形资产，而是信息资源和技术资源。虚拟平台联姻实体机构、"电脑、网络"结合"钢筋、水泥"才是现代新型银行的理想运作模式。因此，信息成为银行业的新生血液，再造流程以整合信息资源与能力为所有银行工作的重中之重。此外，过去所奉行的内部细致分工既增加了成本，又降低了效率，迫切需要银行由对业务操作环节的关注转变为对整体业务流程效能的关注。

4. 银行组织结构迫切需要从职能主导转向流程主导，从科层化转为扁平化。随着新金融时代的演进，银行科层式的职能主导型组织结构的基础逐步松动，阶层过多、沟通困难和运作时间长的弊端愈发明显。因此，银行必须具备精简、高效、面向客户需要并以流程为主导的组织结构，剔除低价值的部门和职能；压缩中间管理层，实行扁平化改革。再造过程中，要先考虑工作方式，然后设计组织形式，其特点是：各基层单位与职能部门以团队形式，直接面向"满足客户需求"这一经营目标，提供优质的产品和服务。以下是一个从职能型管理走向流程型管理的演化过程图。

5. 银行需要建立更为科学的定价体系和成本管理模式。传统的成本核算系统由于不能提供及时、准确、完全的信息，越来越难以适应银行的获利能力分析和有效性经营需要。著名会计学家罗伯特·科普兰指出，传统成本制度下的 80/20 法则（80% 的利润来自于 20% 的产品或客户）在作业成本制度下会令人惊绝地变成 225/20 法则（即 20% 的产品或客户竟然产生了 225% 的利润）。这表明银行的传统收益结构为信贷产品与非信贷产品、高价值客户与低价值客户之间的交叉补贴，许多产品或客户实际上时

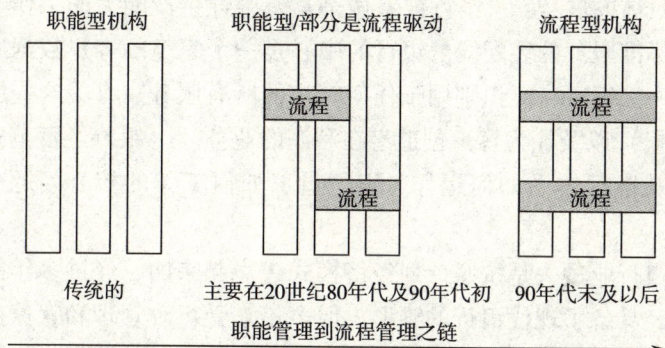

资料来源：田晓军．银行再造［M］．上海：上海财经大学出版社，2002.

图 2 - 1　银行组织架构转型过程

刻在侵蚀着银行的利润。传统银行业的困境其性质是"源发性"的，是传统经营哲学、生产方式、运作形态、分工模式、组织结构及定价、成本系统都不再适合现有环境的结果。随着银行竞争的加剧，信贷利差不断下降，再也无力保证交叉补贴；同时，金融自由化使银行的客户面临极大的选择余地，他们通过分离消费向每一家金融机构购买其最廉价、最优质的服务，大幅减少了银行继续实行交叉补贴的可能性。银行需要改变过去定价中的随意性，增加定价主动权，兼顾银行和客户双方的利益，充分利用价格弹性实现灵活定价和聪明定价。此外，为了保证收益与风险的匹配，应根据细致的客户风险组群实行差别化定价。

　　日渐走低的存贷款利差以及减缓的贷款增长速度将再一次考验银行的获利能力，根本原因在于银行的经营成本太高而定价又过低（保罗·艾伦，1994）。再造型成本管理其要旨在于实现四个方面的突破：（1）通过辨识、分解和评估流程，并通过删除、外包、压缩、整合等改革措施来降低成本。（2）从削减成本走向避免成本，流程的压缩与改进是避免成本的根本出路。（3）通过与外部专业服务公司的合作或业务外包来降低作业环节成本。（4）通过信息技术和组织结构改造来提高分支机构的生产力并降低其营运成本。

　　综上所述，银行要想在新金融时代存活和兴旺，根本的处方是向新的既高效率又高效性的经营范式实行转换，在原有经营范式下的修修补补只可能延误病期。为此，市场营销大师菲利普·科特勒对银行的经营范式转换作出了具体的展望："银行被看做是具有柔性生产能力的工作车间，而不是提供标准服务的装配线。银行的中心是一个完整的客户数据库和产品利润数据库。银行将能识别用于任何客户的所有服务、有关这些服务的利润（或亏损）以及能为客户创造潜在利润的业务。"①银行经营范式的转换最终会触及银行体系如何运作、银行员工如何工作的核心问题——流程系统。

我国银行业过去是按照计划经济模式建立起来的，经过多年的改革与发展，已经具备了现代银行的雏形。但多年来受行政管理和官僚主义的影响，高垄断性和低效益性依然是我国银行业挥之不去的阴影。但随着金融竞争的日益激烈，各银行的经营理念和流程设计逐步转向"以客户为中心"。同时，信息技术和计算机技术被广泛应用于我国银行业并逐步形成巨大的生产力，与此相适应的业务流程和组织结构也不得不随之改变。从21世纪初开始，我国银行界陆续开始了流程再造，至今方兴未艾。

三、银行流程再造机理

流程再造选择什么作为突破口？目前理论界主要有二要素分析法和四要素分析法两种方式。其中四要素分析法的典型代表是芮明杰和钱平凡。根据他们的研究，流程被视做为了完成某一目标（或任务）而进行的一系列逻辑相关活动的有序集合，其中活动、活动之间的连接方式、活动的承担者及完成方式构成了流程的四个基本要素。② 具体方法如下所述：

（一）业务活动本身的改变

流程的基本构成单位是活动，改变活动划分，可以产生不同的流程。

1. 业务活动重整。通常是在一定条件下，把分散在不同模块或分工环节、由各岗位人员完成的几种活动压缩成一个任务，换成一个人来完成；至于必须由多人合作完成的活动，应尽量保证顾客与流程之间的单点接触，后续环节内部化，即要有专案经理人，自始至终对顾客负责，直到业务完成。

2. 业务活动分散。根据某些业务特点，在可能的技术条件下，通过将某一专业职能工作分散到相关活动或渠道中，取消原有专业流程活动。如

---

① 约瑟夫·派恩. 大规模定制［M］. 北京：中国人民大学出版社，2000：41.

② 芮明杰，钱平凡. 再造流程［M］. 杭州：浙江人民出版社，1999：321.

将原本集中办理的柜台业务分散到 ATM、自助银行、电话银行、网上银行等电子渠道办理，可以提高服务效率。

3. 业务活动删减。流程再造需将资源和能力集中到价值创造的主要活动上，而尽量删减不创造价值的辅助活动。例如，过去在网点一些会计结算报表的纸质打印工程量相当大，它们作为备份资料保存，但基本上不再被调用，而其又不属于必备的原始凭证，浪费了大量的人力、物力和时间。后来删减这一活动，改为电子磁盘保管，流程改造的效果马上显现出来了。

（二）活动间关系的改变

活动间关系的改变包括活动次序和活动间逻辑关系的改变，两者都可以有效提高流程效率。把流程中相关联的串行活动改为并行活动，可以提高业务反应速度。例如，银行在处理客户信用卡申请时，可以由一个员工检查、核实、补充申请人相关文件资料，另一员工进行资信评估。当然，各种活动交叉并行，不能违反必要的逻辑顺序和自然规律，要找出各子活动之间的有机关系，合理并行。同时，必须依托数据库和网络，合理授权，作业环节之间信息通畅，才不会忙中出错。

（三）业务活动承担者的改变

1. 业务活动界限的改变。寻求活动承担者的突破时，始终要以客户为中心，打破按产品或功能从事业务的樊篱，依客户类别在银行内部进行分工，把不同类别客户所需的流程集成起来，真正满足客户需求。

2. 权力关系的改变。在银行流程中，合理授权非常关键，要使决策与执行决策达成有机统一。管理者和员工的责、权、利关系一定要相当明晰。员工只有得到合理授权后，才有发挥积极主动性做好客户服务的意识和可能性。为此，要通过有效授权消除对单一流程活动的管理，而注重对流程整体的管理。

3. 人力运用的改变。信息化时代，计算机取代了大量原本由人力来操作的工作，银行应将高成本的人力资源都用来直接面对客户，从事与客户高频率接触的工作和分析性的工作，以充分关心客户需求，深层次发掘市场商机。

（四）活动实现方式的改变

从本质上来看，银行是一个信息处理系统，需要建立新规则、新观念和新方式，以灵活运用信息技术。信息资源通过数据库，同时出现在许多地方供人使用。过去只有专家能够运用专门知识，现在通过建立专家系统，将知识转移到计算机和专家系统上，常人通过运用该系统就可以像专家那样处理复杂工作。在总部和分支机构的沟通方面，过去分支机构需要专人来接收、处理和传送信息资料，现在通过使用网络，可以穿越时空限制，灵活处理信息。可见，活动实现方式的改变导致了流程和效率上的巨大变革。

　　流程再造之际，银行必须自问一些最根本性的问题，如"我们为什么做这件事？这符合我们的战略发展目标吗？""这件事从顾客的角度来看需要吗？""这件事一定要由银行来做吗？""银行有足够的资源和能力来处理这些事情吗？它会达到什么样的效果？"只有这样，才能找准正确的方向，以合适的方式来做合适的事情。要弄清楚这些问题，需要从更高的战略理论层面来对银行流程再造的本质和运行方式进行探讨，包括：（1）银行战略管理与流程再造的相融共生关系；（2）企业资源与企业能力对流程再造推进方式和推进程度的影响，以及对企业核心竞争力形成的影响；（3）如何明确企业发展的合理边界，业务流程如何在企业之间进行分配最有效率，这涉及交易成本理论和外包理论；（4）从战略角度来看，银行流程再造的基本前提和终极目标是实现整体价值链的改善和增值；（5）流程再造与组织结构的适应性再造相辅相成。

第二节　企业资源与能力理论

　　迈克尔·波特的产业分析理论在解释公司绩效与环境的关系上曾经获得广泛认同，开创了企业竞争优势研究的先河，但对于企业资源与绩效之间关系的研究显然不足（Barney, 1986）。该理论对同一行业内的企业存在竞争能力差距的深层原因难以作出合理解释：（1）为什么各公司之间彼此不同？（2）为什么有些公司可以领先其同业并保持其竞争优势？R. P. Rumelt（1991）的研究发现，产业内中长期利润率的分散程度要比产业间大得多。他认为，拥有超额利润率的企业的竞争优势来源于市场力量以外的、存在于企业内部的某种特殊因素。在信息技术和全球化的带动下，企业竞争环境急剧变化，对外在动态环境的分析与掌握日益困难。相比之下，企业内部资源、能力及运作流程则更容易管理和控制，更适合作为企业制定战略的参考依据（Grant，1991）。由此，对企业竞争优势和战略管理资源"不同投入"重要性的认知，逐渐由企业外部转移到内部，企业资源理论与能力理论应运而生。

围绕资源、能力、运作流程与竞争优势，存在三个重要定理：（1）企业从根本上来说是一个能力生产、积累和整合的体系。（2）企业的资源储备、能力大小以及运作流程决定着企业的业务范围和经营边界。（3）发掘、保持和应用资源与能力并以此来拓展市场，将会促成企业竞争优势的形成。企业内部环境包括资源和能力两种要素，所以企业能力理论主要包括"企业资源基础论"（沃纳菲尔特，1984）和"企业能力论"（提斯、匹斯安欧和舒恩，1990；兰格路易斯，1992）两大分支。这些理论相互独立又互为补充，其共同之处是：都相信内部资源、能力和知识的积累与整合是企业获得持续竞争优势的关键。关于企业资源与能力理论的演进如图2-2所示。

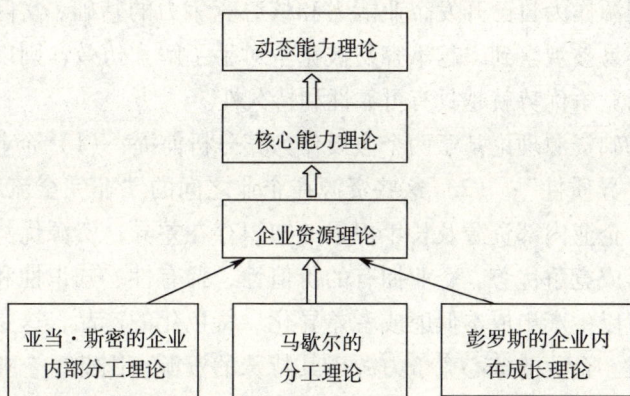

资料来源：王国顺等．企业理论：能力理论 ［M］．北京：中国经济出版社，2006：9.

图 2-2 企业资源与能力理论的演进

一、企业资源基础理论和动态资源观

资源、能力和核心竞争力是构成企业竞争优势的基础；资源与能力的结合能够创造出企业的核心竞争力。资源是指企业所拥有的各种要素，包括有形资源和无形资源。有形资源是那些可见的、能够量化的资产，如设备、厂房、人员、土地、资金、销售中心以及正式的报告系统等。它分为四种类型：财务资源、组织资源、实物资源和技术资源。无形资源则是指那些深深根植于企业的历史之中，长期积累下来的资产，如品牌、知识、公司形象和文化、管理者和员工之间的信任与联系、人们交往的方式、管理能力、组织制度、科技和创新能力、声誉等，它们以一种独特的方式存在，不易被竞争对手了解、分析和模仿。无形资源分别为人力资源、创新能力和企业声誉三种形式。

有形资源的价值是有限的，企业很难从有形资源中获取额外的业务或价值。尽管生产性资产是有形的，但使用这些资产的很多流程却是无形的。因此，与制造设备这样的有形资源相关的学习过程以及潜在的专有流程都拥有独特的无形资产性质，例如质量控制流程、独特的生产流程以及随时间不断发展并为企业带来竞争优势的先进技术等。无形资源则是一种更高级、更有效的核心竞争力来源。① 由于无形资源更加不可见，而且更难以被竞争对手所了解、购买、模仿或替代，企业就更愿意将无形资源而不是有形资源作为自己开发企业能力和核心竞争力的基础。实际上，一种资源越不容易被观察到，越不容易被竞争对手了解和仿效，则以之为基础建立起来的竞争优势就越具有可靠性和持久性。

企业基础资源理论基于两个假设作为其分析前提：（1）企业所拥有的资源具有"异质性"；（2）这些资源在企业之间的"非完全流动性"。该理论认为，企业内部资源及长年积累的知识存在差异，资源优势会导致企业盈利并形成竞争优势。企业拥有的价值性、稀有性、知识性和不可替代性资源，可以生产出成本低廉或者差异化、特色化的产品，这是企业赢得市场的关键。企业的核心竞争力源于其特殊的资源。因此，企业的竞争优势依赖于企业内部的专有资源和专用资产；企业通过不断产生这种内在资源和能力，可保持其动态竞争优势。

表 2 - 2   资源基础论相关学者核心思想

学者	年份	核心思想
Wernerfelt	1984	以资源替代产品的思考角度来从事产品决策，企业内部的资源、组织能力和知识积累是形成核心竞争力的关键。

---

① 迈克尔·A. 希特，R. 杜安·爱尔兰，罗伯特·E. 霍斯基森. 战略管理：竞争与全球化 [M]. 吕巍等译. 北京：机械工业出版社，2009.

续表

学者	年份	核心思想
Birger	1984	动态资源管理：公司必须在利用现有资源与发展新资源间取得平衡。
Porter	1985	当优势具有难以模仿的障碍且能抗拒竞争者的腐蚀时，为"持久"的竞争优势。
Barney	1986 1991	要素（战略性资源）市场的不完全竞争使企业在产品市场建立持久的竞争优势。只有当资源具备有价值、稀缺性、不可完全模仿和不可替代性这四个特征时才能创造持续竞争优势。 资源不可模仿的原因：路径依赖、资源与竞争优势之间的因果模糊、社会复杂性。资源观是一种战略整合观，通过建立本身资源与能力的培养来维持竞争优势。
Grant	1991	竞争优势为一不均衡现象，由模仿性竞争与创新性竞争二者相互抵消所形成的侵蚀速度、强度所决定。资源在整体运营和商业策略中扮演相当重要的角色。
Williams	1992	创新带给企业竞争优势与利润，也会引来模仿者使优势难以持久，因此，隔绝机制的建立是必需的。
Peteraf	1993	竞争战略是静态战略资源的流量化形式。存在四种竞争战略：异质性战略、不完全流动性战略、事前限制性战略、事后限制战略。它们的组合是获得持续竞争优势的充要条件。
Hung－changYang	1996	核心资源是指能够让一个公司在产品或服务方面取得领导地位的资产或能力。

资料来源：笔者根据相关资料整理。

1959 年，彭罗斯出版的《企业成长论》被看做资源基础理论的源头。随后，科利斯和蒙哥马利（1995）在《资源竞争：90 年代的战略》一文中提出，波特的竞争策略与核心能力竞争理论是企业资源观发展的基础。企业是有形资产、无形资产以及能力三大要素的组合，其运转效率与成效取决于它的资产和能力状况，拥有最合适资源的企业会表现得更好或成本更低一些，因而获得市场竞争优势和成功的发展。此外，某一资源或能力价值的高低，决定于它与市场基本力量动态作用的最终效果。

20 世纪 90 年代发展起来的动态资源观注重动态环境—资源—能力分析，其战略管理逻辑是：产业环境分析—内部资源分析—制定竞争战略—

实施战略—竞争优势—绩效。研究组织战略更能体现出系统性和动态性，在指导战略制定与实施中注重组织内部资源和能力的作用发挥需与外部环境条件相匹配，通过组织内部对环境的动态响应，以不断更新其资源体系，保持持续竞争优势。企业增强内部资源和能力不能忽视外部环境的影响，否则可能会导致资源和能力的刚性，从而失去竞争优势的长久性和持续性。

近年来，对外合作已成为许多组织的重点战略。在动态市场条件下组织如何能保持长期竞争优势，这是资源基础理论无法解释清楚的。因此，动态资源观是对基础资源理论很好的补充和创新，它注重兼顾组织的内部和外部来考察组织的战略，同时将诸如关系资源、政治资源、市场资源等新资源也纳入研究范畴，使业务外包、战略联盟、虚拟组织等问题得到了有力的解释。

战略管理是组织内外共同作用的结果。在对组织战略环境分析的基础上，资源基础观可阐释稳定环境下的战略管理。然而在当今动态环境下，要求建立适应组织内外要求的动态战略整合模型，即基于动态资源观的整合模型，它是在动态环境—资源—能力的柔性战略管理基础上，以能力为连接，将环境—资源—能力的互动作为模型的"动力引擎"，反映了柔性战略思想，即柔性资源—柔性能力—柔性战略的逻辑框架。

目前，理论界对基于动态资源观的柔性战略管理研究仍不成熟。但在关键点上学者们已达成共识：（1）对外部动荡环境的适应性；（2）组织必须具备对现有资源与能力的驱动和变化能力，才能适应不断变化的市场环境；（3）战略管理在调节、整合以及重新配置内外部组织资源和能力以满足环境变化中具有关键作用。该理论最大的局限性在于：过分强调变化，而忽略了组织发展需要稳定的积累吸收过程，因此带来动态环境下组织发展的稳定与变革之间的矛盾。

二、企业能力理论

以科斯（1937）理论为基础的现代企业理论忽略了企业独特的"生产特性"，不能很好地解释现实中的诸多现象。所以说，企业能力理论的兴起源于主流管理理论的局限性。在管理学发展历程中，18 世纪中后期到 19 世纪末期强调经验管理，20 世纪初至 40 年代信奉科学管理，20 世纪 60 年代末至 70 年代崇尚战略管理。到 20 世纪 80 年代初，波特的竞争战略理论和企业竞争力理论成为管理学的主流理论。然而，在战略管理理论中，波特的"五力模型"却无法突破企业"黑箱"的局限性。他以产业作为主要研究对象，却忽略了产业内企业自身成长的影响，所以在指导企业竞争的实践中难有作为。为此，研究者们致力于寻求一种全新的理论，以重新认识和分析企业，包括企业性质、企业竞争优势的动力和源泉等。最终研究结论是：企业拥有特殊能力，需要从企业内在成长角度来分析其发展。

当企业把资源进行合理的整合来完成一项或一组具体任务时，企业的能力因此产生。企业能力的提升对于形成其竞争优势至关重要，它通常是以企业内部的人力资本对信息和知识的开发、传送和交流为基础的。企业的人力资本所拥有的知识是最重要的能力之一，并最终成为所有竞争优势的根基所在。当然，企业必须能够对员工拥有的知识进行充分的利用，并将这些知识在不同的业务部门之间顺畅传递。具体针对客户的能力往往是通过与客户之间的频繁交流而得到的，而且企业还需要对客户需求具有较为深刻的了解。企业能力通常体现在某个具体的职能领域（如生产、配送、管理信息系统、研究与开发、市场营销等）或者某些功能性领域（如广告）中，并总是随着时间的推移而不断演进和发展。

企业能力理论体系涉及面较广，包括以下几种主要理论类型，对银行流程再造的实践均有积极的指导作用。

（一）核心竞争力理论

1990 年，普拉哈拉德和哈默通过《哈佛商业评论》发表了一篇具有标志性意义的文章《企业的核心竞争力》，首次提出了"核心竞争力"这一概念。他们认为：多元化公司好像一棵大树，为大树提供养分和起支撑固定作用的根系就是企业的核心竞争力。核心竞争力是能够作为企业竞争优势来源的企业能力，凭借竞争优势，企业能够击败自己的竞争者。[①] 核心竞争力是在企业不断积累并学习如何利用各种不同资源和能力的长期过程中形成的，它具有相当的稳定性，成为促进企业长期发展的动力；同时，核心竞争力也要不断地培育、创新和发展，只有这样才能实现核心竞争力的动态跃迁。

企业应当重视的四种核心竞争力包括：（1）有价值的能力，指那些能

① 迈克尔·A. 希特，R. 杜安·爱尔兰，罗伯特·E. 霍斯基森. 战略管理：竞争与全球化 [M]. 吕巍等译. 北京：机械工业出版社，2009.

够帮助企业在外部环境中通过利用机遇或降低威胁而创造价值的能力。(2) 稀有能力，指那些最多只有极少数的竞争对手能够拥有的能力；相反，有价值但又普遍存在的（也就是不稀有的）资源和能力则有可能会造成对等的竞争，无法获取优势。(3) 难以模仿的能力，指其他企业不能轻易建立起来的独特能力。(4) 不可替代的能力，指那些不具有战略对等性的能力。通常情况下，一种能力越难以被替代，它所具有的战略价值就越高。

核心竞争力是企业资源有效整合而形成的独有的、支撑企业持续竞争优势的能力（鲁开垠，2002）。这一定义的主要基点是：(1) 强调资源与能力的转换。企业的资源是基础性的，没有资源就失去了竞争能力的基本条件，但还要把资源优势转换成能力优势。(2) 独有性与持续性的结合。不具备独有性就没有区别于他人的优势可言，但仅具有独有性是不够的，它必须与持续性相结合才能形成核心竞争力。(3) 强调资源的有效整合。核心竞争力是以资源为条件的，但如果没有资源的合理组织与协调，其优势则难以真正发挥。"竞争优势的基础是更优越的资源和组织能力。资源是其他公司轻易不能获得的公司专用性资产。组织能力指公司比竞争对手做得更加出色的一系列活动。"[1]

核心竞争力的要素包括以下几点：(1) 资源优势。各种独有资源的有效组合是形成企业核心竞争力的基础和动能。(2) 技术创新。这是竞争力的核心要素，没有技术的创新，就没有产品和服务的创新，也就无法赢得客户和市场，具体包括企业应变能力、研发能力、技术转化能力、技术改造能力、技术保护能力等。(3) 环境条件。它包括社会自然条件、宏观经济与政治条件、市场竞争条件，是形成核心竞争力的重要保证。(4) 管理协调。它反映企业资源组织能力和经营管理能力，是企业核心能力的直接体现和重要内容。(5) 企业文化。具体包括企业的管理理念、价值观、道德伦理、职业精神、团队意识和员工的默契程度等，是形成核心竞争力的重要推动力。

银行的战略目标受其资源的影响，但最终取决于银行的核心竞争力，而核心竞争力的巩固和提高需要通过特色化、差异化来实现。一个银行既要做好一般业务，保持与其他银行同步，又要与众不同，这意味着拥有向

---

① 戴维·贝赞可等. 公司战略经济学 [M]. 北京：北京大学出版社，1999：415.

客户提供个性化服务的能力，以及适应市场需求、不断创新的能力。特色战略是一项复杂的系统工程，涉及银行的客户结构细分和业务流程的再造等方面。其中，差异化的业务流程反映了银行的核心竞争力。因此，银行流程再造就是在既定战略条件下，依靠现代信息技术，以客户为目标，以流程优化为核心，从根本上对银行的业务流程和管理模式进行重新设计，以期在成本、效益、质量、客户满意度和反应速度上实现突破，获得竞争对手难以模仿的可持续竞争优势。正如美国学者莱斯特·瑟罗在其著作《思想的交流》中指出的："在21世纪，持续的竞争优势更多地出自流程技术，而非新产品技术。"

（二）基础能力理论

桑切斯和黑恩等人在核心竞争力研究的基础上，进一步提出综合了整体性、动力性、系统性和认知性的基础能力概念，并将其作为研究竞争战略的基本理论框架。他们认为：能力是企业协同各种资源配置从而实现战略目标的组织能力；管理者认知和组织学习的能力是企业战略变化的关键动力，它决定了个体企业的资源禀赋和工业结构的资源积累禀赋；一个产业体系内的企业群体在资源市场与产品市场中以既竞争又合作的形式并存。提升企业能力有两条渠道，即能力的构建与能力的杠杆作用。

该理论认为企业应该把能力作为一个开放系统来看待，重视企业网络和战略联盟的作用，快速配置临时资源链以获得短期市场机会，并认为基础资源理论、核心竞争力理论和产业组织理论都只是阐明了获取竞争优势的必要条件，而非充分条件。企业远非原有经济实体或资源的积累体，而应被当做一个有适应能力和变异功能的有机体、一个有自我组织能力的系统来进行管理。组织的一致性就是要对企业的所有要素进行排队组合，从而实现企业战略目标。

基础能力理论强调环境与组织的变化及共同进化的动态性，具体包括企业内员工与团队之间、企业与外部资源提供者之间、企业与客户之间、竞争对手与竞争伙伴之间的相互关系与相互作用。复杂变化的动态环境造成了广泛的不确定性，局限了管理者的认知。这种现实存在的认知差异传导为制定目标与整合、配置资源的差异，从而导致资源相同的企业却可能出现能力的显著差异。因此，必须对复杂且具有差异的战略资源实行整体管理，以构建企业能力和发挥能力的杠杆作用。知识与技能是企业拥有的关键变量资源；通过学习、发掘及整合来获得新能力的能力，是在动态市场中获取竞争优势的决定因素。

（三）动态能力理论

动态能力理论由提斯于1997年提出。该理论是基于基础能力理论思想的进一步扩展。提斯倾向于资源和能力并非是一个简单的分析性问题，企业所拥有的特殊资源具有黏性，不能随意改变或更新，而是依赖特定的路径演化而成。企业的资源实际上可以分为四个渐进的层次：（1）生产要素和公共知识是企业运作的基础，虽由企业购买或获取，但非企业专有，无法作为企业的战略要素。（2）企业的专有资产，如商誉、品牌、生产秘诀、特殊工艺、商业秘密等，其中融入了企业的无形知识，因而非常难以替代和模仿。（3）将企业生产要素及专有资产有机结合的经营和管理活动，是企业长期形成并固定下来的专有能力，它使得企业相比市场更有效率、更加经济。（4）对于激烈变化的市场环境来讲，能力也必须不断地更新，企业动态能力就成为最关键的能力。

黄江圳、谭力文（2002）认为，动态能力理论源于资源基础理论，并且吸收了核心能力理论的许多观点，具有创新的开拓性、开放性、复杂性以及难以复制性等特点。[①] 动态能力理论强调：企业必须不断获取、整合能确认内外部组织技术、资源和功能性的能力，才能真正适应激烈变化的外部环境，以不断获得新的竞争优势。动态能力理论分析的要素不局限于笼统的资源，还包括组织过程、专有资产状况和获得资源与能力的路径，这些都是维持企业动力功能的基础。

动态能力依据组织和管理过程、位置和发展路径（Teece、Pisano & Shuen，1997）可分为三个过程：一是协调和整合，二是学习，三是重构与转变。能力整合包括外部整合和内部整合，于外部整合客户需求，重构银行品牌形象；于内部整合富余金融资源，使之聚焦于流程再造。学习则是指根据外部环境的变化更新知识库，使这种能力迅速内部化。最后是在并购活动中积极稳妥地进行流程再造、组织结构调整、公司文化与价值观移植和必要的后台运营集中。

基于动态能力理论的战略目标是不断创造新优势。在瞬息万变、不可预测的市场环境下，所有竞争优势都只是短暂的。只有认真地、不断地和

---

① 黄江圳，谭力文. 从能力到动态能力：企业战略管理的转变［J］. 经济管理，2002 (22).

出其不意地打破现有平衡，快速响应市场机会和企业内外部资源的重构，形成一系列暂时的、不相容的新优势，才能保持企业持续的竞争力。因此，动态能力战略实质上是一种创新战略。

（四）基于流程的能力理论

波士顿顾问咨询公司的斯托克和舒尔曼（1992）等人认为，成功的企业极为关注生产能力的组织活动和业务流程，其首要的战略目标是合理改善活动和流程。每个企业都必须管理一些基本业务流程，如新产品的实现，从原材料到最终产品，从营销、订货到实现产品价值；每个流程都在创造相应的价值，也都要求部门之间的协调配合。各个部门可能拥有自己独特的资源和能力，但是如果不能通过有效的方式或流程进行管理和整合，整体竞争优势是无法凭空获得的。因此，管理者的一个重要职责是对形成这些能力的基础设施及员工培训予以关注和支持。培养这种能力的四个原则是：（1）公司战略的基础是业务流程，而非产品和服务。（2）必须将公司的关键流程转换为提供客户价值的战略能力。（3）公司通过对超越单位和部门的基础设施进行战略投资来获得战略能力。（4）领导者的决心和组织协调是流程再造和能力构建的重要推动力。

三、基于价值链的银行流程再造

将企业作为一个整体来看无法认识竞争优势。竞争优势来源于企业在设计、生产、营销、交货等过程及辅助过程中所进行的许多相互分离的活动。这些活动中的每一种都对企业的相对成本地位有所贡献，并且奠定了标歧立异的基础。为了认识成本行为与现有的和潜在的经营歧异性的资源，价值链将一个企业分解为战略性相关的许多活动。企业正是通过比其竞争对手更廉价或更出色地开展这些重要的战略活动来赢得竞争优势的。[①]

（一）价值链理论

迈克尔·波特（1985）的《竞争优势》一书开创了价值链分析的先河。价值链分析能够帮助企业理解运营环节中哪些能够创造价值，哪些无法创造价值。只有当经营过程中所创造的价值大于其耗费的成本，企业才可以获取超出平均水平的回报。波特认为，企业的根本任务是创造价值。

---

① 迈克尔·波特. 竞争优势 [M]. 北京：华夏出版社，1997.

企业各项活动根据战略重要性可以分解为若干组成部分，具体包括人力资源管理、企业基础设施、技术开发和采购四项支持性活动，以及内部后勤、外部后勤、生产作业、市场营销和服务五项基础性活动，九项活动的网状结构便构成了价值链。价值链表明了一个产品从原材料阶段转移到最终客户手中的整个过程。要想成为企业竞争优势的一种来源，某项资源或能力必须能使企业以一种超越竞争对手价值的方式来执行行动。从竞争角度看，价值是买方愿意为企业提供给他们的产品所支付的价格，为买方创造超过成本的价值是任何战略的基本目标。如果企业的资源和能力并不能被视为其竞争能力和竞争优势的来源，业务外包是企业可以考虑的一种解决办法。

除了分析公司自己拥有的价值链，波特认为还需要研究价值系统，它包括供应商价值链、渠道价值链以及买方价值链。获取和保持竞争优势不仅要关注企业价值链，而且要了解企业如何适合于某个价值系统，应把企业放在一个包括供应商、购买者和合作伙伴的价值链中进行分析。这样，除了彻底理解价值是如何在组织内被创造出来的之外，还必须知道价值是如何被其他组织创造出来的。价值链并不是一些独立活动的集合，而是由相互依存的活动构成的一个系统。竞争者难以模仿的是存在于组织的价值链和价值系统之间的独特的联系。

随着价值链理论的不断发展，出现了新的跨越，即价值链可以实施分解、调整与新的组合。传统的大而全、小而全的综合性企业面临持续发展的瓶颈，而另一些企业则另找出路，它们根据对整个价值链的分析，从自己的比较优势出发，主动舍弃某些增值能力弱的环节，而选择若干增值能力强的环节来培育其核心竞争力，利用市场形成战略联盟，共同完成价值链的全过程。这样的价值链由许多相对独立且各自都有核心竞争力的增值环节组成。某个价值链中原有的环节一经独立出来，就有可能加入其他相关的价值链，由此出现了新的市场机会——价值链整合，即创设了一个新的价值链，借助市场选择最佳环节，并把它们连接起来，从而产生新的价值增值。实现虚拟经营和战略联盟的企业将日益感受到价值链的分解、调整和组合作为一种崭新的经营策略而卓有成效，它为企业带来最大的投入产出比。价值链是经济的动脉，信息时代的信息价值链正在逐步取代传统工业时代的供应链。互联网将企业价值链从以企业为中心转向了以客户为中心，并将价值链的范围从企业内部延伸到整个行业链。

（二）基于价值链的银行流程再造

价值链分析同样适用于银行。在银行价值链模型中，为客户提供产品和服务并能直接产生价值的活动为其基本价值活动，即业务活动，属于银行接触客户的前台系统，主要分为公司金融业务和零售金融业务两大类，具体包括公司集团、工商企业、投资银行和金融市场业务；吸收存款和资产管理；产品研发和销售；为客户提供包括现金交易、账户管理、代收代付、资金结算、客户服务等在内的金融服务。支持活动主要是管理、支持保障和监督评价等活动。其中，管理活动是指为业务活动确定目标和实施控制的活动，主要包括合规法律、授信审批、计划财务、风险管理等，属于银行的中台系统。支持保障活动是为客户服务提供人、财、物等资源的保障，包括会计营运、信息技术支持、人力资源、行政办公、安全保卫、法理事务和机构网点管理等，属于银行的后台系统。监督评价活动被同时涵盖在银行的中台系统和后台系统，是对其他活动进行监督和评价的活动，主要包括内部审计和纪检监察等。事实上，只有面对客户的业务活动属于基本价值活动，而管理、支持保障和监督评价活动属于辅助活动，它们直接或间接地服务于业务活动，具体如图 2 - 3 所示。

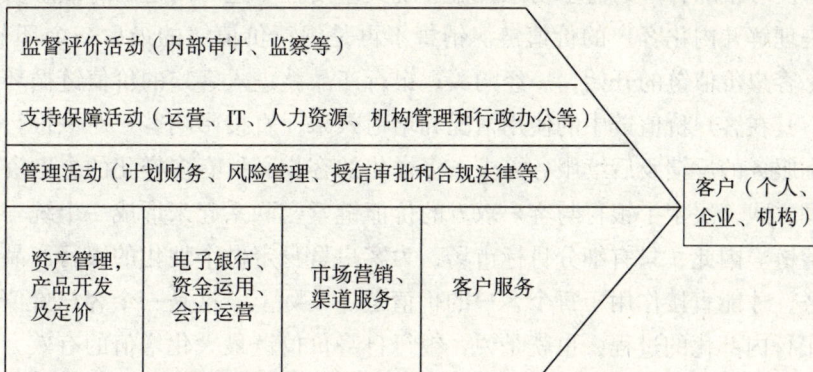

监督评价活动（内部审计、监察等）	
支持保障活动（运营、IT、人力资源、机构管理和行政办公等）	
管理活动（计划财务、风险管理、授信审批和合规法律等）	客户（个人、企业、机构）
资产管理，产品开发及定价 / 电子银行、资金运用、会计运营 / 市场营销、渠道服务 / 客户服务	

资料来源：由笔者根据相关理论结合银行实务整理。

图 2 - 3　商业银行一般价值链模型

银行的价值链模型包括四个方面的特征，基本概括了价值链的本质：

1. 非标准化特征。银行所提供的产品和服务因客户个体差异而呈现差异化。也就是说，银行业务的非标准化源于客户对象的非标准化，这相应造成了银行风险特征的差异化和风险管理的差异化，最终使得银行整体价值链非标准化。因此，银行需要承认并协调这种非标准化，并通过重整自身的管理方式、组织结构和内控机制来实现它。组织结构作为传统部门银行的核心，由其指引和约束所有的业务拓展、管理互动和内部服务，极大地破坏了价值链中基本价值活动的非标准化和连贯性，是对银行经营本质特性的扭曲。

2. 数字化特征。银行向客户和市场提供的金融产品和服务主要采取数字化的形式；账户和交易程序、管理监控程序以及营销渠道、客户沟通的数字化也因为计算机网络的迅速发展而日益普及。可以说，银行的价值链已经成为数字化的虚拟价值链。因此，分销渠道成本即员工工资和建设分支机构的费用，取代交易成本成为银行成本结构中最大的一部分；同时，也使得客户与银行之间的交流模式产生变化，面对面的柜台窗口服务逐步向自助银行、电话银行、网上银行等自助服务过渡，有效降低了银行的客户服务成本。此外，银行支持活动的数字化以及远程监控、远程授权和远程业务处理模式的使用，也大幅度降低了银行的内部协作成本。可以说，银行价值链的数字化客观上促进了银行价值的最大化。

3. 外部价值链的内部化特征。技术进步、产品生命周期缩短等问题，使得及时跟踪客户的需求动态日益显现其重要性。这一问题的有效解决途径是理解并内化客户的价值链。销售不再是银行价值链的最后一个环节，而是客户价值链的开始，一经购买，银行产品就进入客户的价值链循环当中，其在客户价值链中的使用情况和增值效果，直接影响客户对该银行产品和服务的反馈及后续服务需求。多样化的客户必然有多样化的金融资产管理方式，决定了银行与客户双方的价值链紧密联系起来形成一个统一的价值链。因此，只有细分目标市场，为客户量身定做个性化的银行产品和服务，才能直接作用于每个客户的价值链。实际上，这是一个客户价值链在银行内部化的过程，也就是说，银行自身价值链最大化增值的有效方式是通过为客户创造价值来实现的。

4. 价值活动的多重相关性。银行依托客户、强大的市场数据采集和挖掘能力，能有效提升自身的产品研发、定价和风险控制能力，从而产生优质的金融产品和完善的营销渠道，最终形成对客户的综合服务能力。好的客户服务可以同时获取大量的客户信息，而以此生成的金融产品势必会使银行的综合服务能力和客户的满意度大幅提高。

流程银行优于部门银行的根本在于其各项活动都以客户为中心来组织

设计，并对客户需求负责。银行内部的人、财、物、信息彼此交流，从而
实现资源的共享与协调；部门分割被彻底打破，协调成本降低，管理和服
务实现无缝对接。当然，银行的组织管理方式和组织结构必须作出适应性
变革，以满足新的资源配置和协调方式需要，并因此成为价值链优化的固
化剂。这样，便形成了一个良性的循环体制，如图2-4所示。

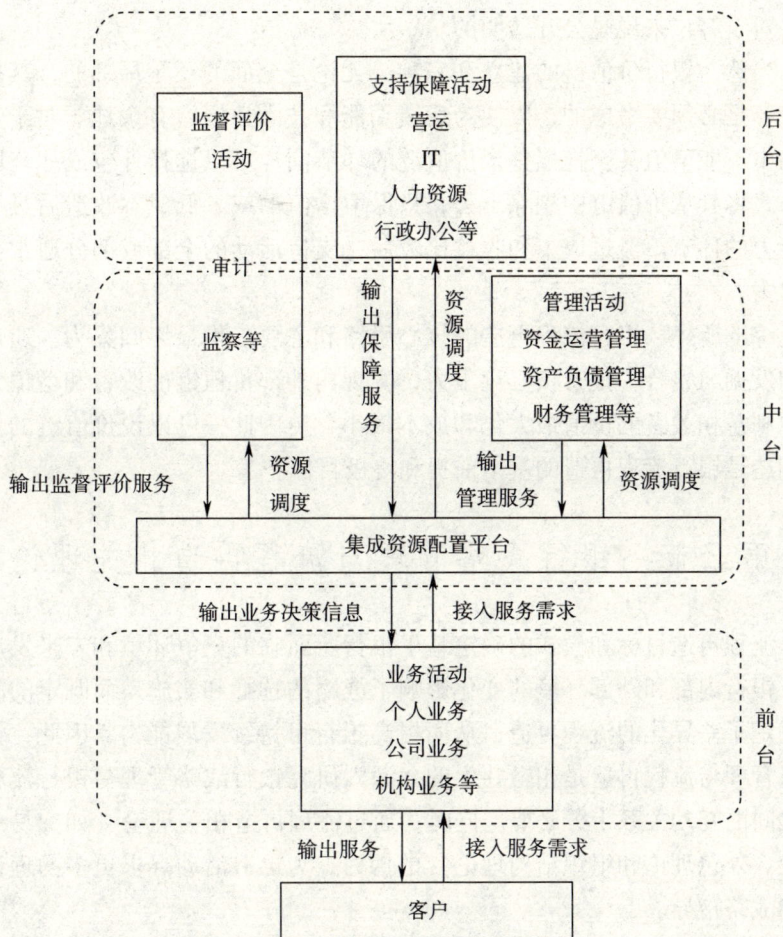

资料来源：李翔．基于价值链模型的流程银行变革研究［J］．商业银行经营管理，2009
（1）．

图2-4　流程银行的价值链模型

流程银行的业务活动和支持活动基本上都围绕集成资源配置平台来运作，以高效完成客户服务。客户需求通过业务活动接入后，相关信息被输入集成资源配置平台，待其调度相关支持活动后，将业务决策信息输送回该业务活动的前台系统。集成资源配置平台根据不同级别的业务信息，可以调用不同级别的支持活动资源。各类活动与集成资源配置平台在银行内部形成一个协作系统，所有的客户服务在内部协作完成；至于内部如何协作，对于客户来说是公开透明的。

当然，银行价值链的建立和完善，无论是全面的还是局部的，其持续性变革是必须要考虑的，以便为后续功能和技术拓展留有余地。对于业务活动中不能增值甚至拖累整个价值链的环节同样可以选择外包或战略联盟等方式将其从价值链中剔除出去，只保留增值的或者低成本改造后具有增值能力的环节。经过成本和收益比较后，支持活动的全部或部分通常会外包出去。

综上所述，银行流程再造的核心思路和主要工作最终归集为：通过资源的发掘与整合，提升核心竞争力，实现内外部价值链的改善和增值，即实现利益相关者的价值最大化和成本最小化。因此，可以说价值链的优化与创造是银行流程再造的基本前提和终极目标。

第三节　银行战略管理与流程再造相关理论

流程再造目标和模式的确定基于银行所面临的竞争环境和未来发展战略。银行内部和外部环境的变化影响了战略的选择和实施，而既定的战略又决定了差异化的流程再造，从而提高银行可持续发展能力。因此，银行战略管理与流程再造是相融共生的，深入研究银行战略管理与银行流程再造之间的互动关系十分必要。同时，通过流程再造相关理论（如交易成本理论、外包理论和组织结构理论）的探讨，为再造活动寻求更多的理论依据和战略指导。

一、银行战略管理与流程再造的相融共生

（一）战略管理基本理论

迈克尔·波特认为："战略就是创造一种独特、有力的定位，涉及各种不同的运营活动。""战略的实质存在于运营活动之中——选择不同于竞

争对手的活动实施方式。"他认为"定位"、"取舍"和"一致性"是战略中最为重要的三个因素。① 明茨伯格借鉴市场学中的四要素（4P）法，提出战略从五个不同方面的定义（5P 法），即战略是计划（Plan）、计谋（Ploy）、模式（Pattern）、定位（Position）和观念（Perspective）。企业制定战略的目的是以最有效的方式致力于提高企业的竞争实力，为其日常经营活动建立一种有利的态势。战略的本质是获得持续的竞争优势以创造价值，但是如果不能对战略进行有效的管理，战略目标就无法实现，企业的生存和发展将面临巨大威胁和挑战。战略管理是根据组织的内外环境，确立组织的愿景和目标，制定、确定和实施战略，并在战略的实施过程中根据环境的变化调整及修改组织的愿景、目标和战略，以确保组织沿着正确的方向取得成功的过程。该过程如图 2 - 5 所示。

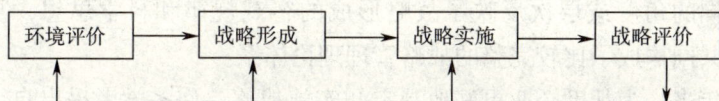

资料来源：谭力文，吴先明等．战略管理［M］．武汉：武汉大学出版社，2006：12.

图 2 - 5　战略管理基本的工作流程

作为企业管理理论的一个分支，企业战略管理发源于美国，目前只有 40 多年的历史。在企业管理理论的发展过程中，许多学者提出了有关战略的思想。

1938 年，巴纳德在《经理人员的职能》中指出，组织内部的平衡和对外部的适应对一个组织的生存和发展起决定性作用。1954 年，德鲁克在《管理的实践》中提道："我们的事业是什么？它应该是什么？"这个著名论题被部分西方管理学者推崇为对战略管理最初也是最精辟的概述。1960 年，莱维特在《营销近视症》一文中重申"我们究竟从事什么样的事业"，指出企业的目标必须面向市场和未来。1962 年，钱德勒出版《战略与结构：工业企业的历史篇章》一书，标志着战略管理思想正式诞生，他认为战略是制定企业基本的长期目标，并为实现这些目标而采取行动，进行必要的资源分配；同时提出了"组织结构必须服从战略"的著名论断。1965 年和 1976 年，安索夫分别出版《公司战略》和《从战略计划走向战略管

———————————

① 迈克尔·波特．什么是战略［J］．哈佛商业评论（中文版），2004（1）.

理》两本书，前者首次对企业战略问题进行系统的阐述，为企业战略管理理论的形成和发展奠定了理论基础；后者第一次将战略的制定和实施结合起来研究。企业战略管理理论由此进入系统研究阶段。

亨利·明茨伯格等人（2002）所著的《战略历程：纵览战略管理学派》一书系统介绍并剖析了战略管理的十大流派：设计学派——战略形成是一个概念作用的过程；计划学派——战略形成是一个正式的过程；定位学派——战略形成是一个分析的过程；企业家学派——战略形成是一个预测的过程；认识学派——战略形成是一个心理过程；学习学派——战略形成是一个应急的过程；权力学派——战略形成是一个协商过程；文化学派——战略形成是一个集体思维的过程；环境学派——战略形成是一个反应的过程；结构学派——战略形成是一个转变的过程。他认为这些学派分别从不同的角度或层次反映了战略形成的客观规律和科学思想，互相补充，并共同构成了比较完整的战略管理理论体系。

近年来，为帮助企业更好地制定和实施战略，许多学者提出自己的观点和理论框架，探索企业长期成功的原因。战略理论研究试图解释在相似的环境和竞争条件下企业如何持续创造竞争优势。根据有关理论，可以发现三条研究主线，即对战略行为、战略结构和过程、战略内容的研究。金占明等将1978年以来战略管理理论在中国的发展划分为四个阶段：战略管理缺失时期（1978—1983年）、战略管理萌芽时期（1984—1992年）、战略管理确立与发展时期（1993—2000年）和战略管理蓬勃发展时期（2000年至今）。①

按照美国管理科学院工商政策与战略分部的表述，战略管理主要包括以下八个方面的内容：（1）战略制定与实施；（2）战略计划与决策过程；（3）战略控制与激励；（4）资源分配；（5）多元化与业务组合战略；（6）竞争战略；（7）总经理的遴选及其行为；（8）高级管理层的组成过程及状况。战略管理的重点是组织、计划、控制、流程。第一，要注重组织结构，包括业务层次战略组织结构和整体战略组织结构，以有效地利用企业资源、能力和竞争力去实现企业的战略意图。第二，制订战略实施计划，既要有月度、年度计划，又要有长远发展计划；在实施战略计划过程

---

① 金占明，杨鑫. 改革开放政策三十年中国战略管理的理论与实践［M］. 清华大学学报（哲学社会科学版），2008（2）：15-25.

中，要把企业战略目标划分为单个具体的项目，明确任务，组织人员，考察进程，提高效能。第三，指导性战略控制，即事先预测结果的控制，属前瞻性控制，能最大限度地把握企业战略发展的方向。第四，流程管理。流程支持企业的战略实施，对企业竞争优势的形成至关重要；企业主要有产品开发、需求、订单处理三个核心流程，应将核心流程的管理和再造作为战略管理的重要一环。

（二）战略管理中的银行流程再造

战略是企业长远的目标、定位和发展规划，决定了企业的发展方向和资源配置。银行战略管理就是银行依据其内部条件和外部环境，进行战略规划和科学决策，分配资源，整合能力，制订经营计划，最后付诸实施的过程。战略管理的好坏，直接决定了企业是否能形成核心竞争力和持续竞争优势。

以往的企业流程再造工程失败率很高，究其原因，主要在于两个方面：（1）没有贯彻始终如一的企业战略目标；（2）对战略目标起关键作用的那部分流程再造没有受到重视。流程再造的驱动力是企业愿景、发展战略和客户需求。作为企业实现战略的途径与手段，流程再造必须有效重组企业内部的资源与能力，以适应外部激烈的竞争。因此，流程再造的各个环节应着眼于战略。但在实际中，大多数再造尚未上升到战略层面，仅仅停留在操作层面或战术层面，也没有与组织变革相衔接，因此无法适应快速变化的市场环境。总之，再造工程应基于战略目标，识别和改造企业的核心流程，以期提高组织绩效。

流程再造的实施步骤可以概括为两步：（1）从高层次对流程特点进行分析，并将信息技术作为再造实施的助推器。（2）根据不同的流程特点选用不同的实施方法。基于战略指导的企业流程再造的整合实施框架模型如图2-6所示。关于该模型的具体分析如下：

1. 企业战略机会的识别。企业战略机会的识别必须能够适应企业未来的发展机会及抵御未来可能发生的不确定性，具体包括客户生命周期、五力竞争模型、危险/机会矩阵、价值链分析等方法。其中，危险/机会矩阵和价值链分析在实施中效果比较明显。危险/机会矩阵考虑外部环境因素，根据不同的目标采取不同的战略。价值链分析则主要考虑企业内部因素，试图通过企业内部功能的改变以获取竞争性优势。

2. 企业资源、信息技术与企业流程活动的集成和战略路径的选择。参

```
┌─────────────────────┐      ┌─────────────────────┐      ┌─────────────────┐
│ 识别企业战略         │      │ 基于信息技术的流程再造战 │      │ 实施战略性      │
│ 五力竞争模型、价值链 │─────▶│ 略路径的选择,信息技术、 │─────▶│ 的流程再造      │
│ 分析、危险/机会矩阵、│      │ 企业资源与流程活动的集成 │      │                 │
│ 客户生命周期等方法   │      │                     │      │                 │
└─────────────────────┘      └─────────────────────┘      └─────────────────┘
```

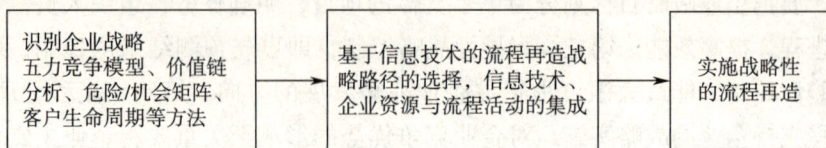

资料来源:根据相关理论由笔者绘制。

图2-6　基于战略的流程再造框架模型

与流程的活动之间输入与输出的有序流动程度,构成了流程的"中介程度";而各活动之间为了实现流程的结果,相互整合资源、交换信息、共同调整的程度,表示流程的"合作程度"。其中,低中介高合作的直接合作方式对于流程的运作最为有利。计算机和通信技术的日益发展,使企业各项资源与能力整合的有效性不断提升,共同促进了流程活动的集成,同时降低中介程度和提高合作程度。

3. 实施流程再造。其过程主要包括:(1)愿景阶段。要重新审视企业流程、企业文化和信息技术层次。作为一种影响深远的变革,流程再造必须在企业内部达成一致,获得全员支持。(2)准备阶段。此时,企业内外部的信息集成必须实现;有效的再造实施团队获得组建;致力于识别外部客户需求,选择企业绩效目标。(3)流程诊断阶段。通过面谈、问卷调查、信息控制模型等方式,解释信息流及其相互关系,找出流程中正式和非正式的沟通特点、频率及意图。通过设立标杆来判断现有流程绩效,以绩效目标来判断再造效果。(4)流程再造实施阶段。主要工作是完成新流程的定义、分析与设计,包括人力资源系统及配套信息系统的建设,在此基础上有序推进再造工程。(5)组织结构转换阶段。此时,组织结构必须实行适应性的变换调整,并实施新的信息系统。(6)绩效评价和流程进化阶段。

综上所述,业务流程是实现企业战略目标的手段,并相互联系形成一个复杂的企业运作系统。银行需要正确建立经营愿景,明晰业务流程对战略目标实现的贡献度,破除影响银行发展的瓶颈,从而实施目标明确、重点突出、循序渐进的彻底改造。

二、交易成本理论

1937年,科斯发表其经典论文《企业的性质》,交易成本思想由此产生。他认为：利用价格机制是有成本的。通过价格机制组织生产的最明显的成本就是所有发现相对价格的工作。……市场上发生的每一笔交易的谈判签约费用也必须考虑在内。① 科斯认为利用价格机制的代价即为交易成本，它至少包括三个方面的含义：（1）相对价格的发现。价格是不确定的，市场交易的当事人必须付出代价，将其转化为已知的。（2）谈判和签约成本。需要花费一定的成本，来解决交易人之间的纠纷、冲突和讨价还价，并签订和履行合约。（3）其他方面的不利因素（或成本）。例如签订长期契约时，因为更大的不确定性所带来的以后解决交易细节问题需要花费的成本。企业之所以出现，是因为存在市场运行成本，采用企业替代市场是交易成本比较的结果。

关于交易成本内涵的理解和表述可谓丰富多彩。阿罗（1969）将交易成本定义为"经济制度的运行成本"，包括排他性成本、信息成本和设计公共政策并执行的成本。威廉姆森（1985）认为交易成本属于"经济系统运转所要付出的代价或费用"。② 合同方法被当做分析交易最基本的方法，根据合同签订与否，威廉姆森把交易成本划分为事前交易成本和 事后交易成本。他还分析了交易成本的决定因素，特别强调有限理性、机会主义和资产专用性。哈耶克（1988）从组织经济的基本方式和合作秩序视角，定义交易成本为通过专业化分工组织经济活动所带来的协调分工和学习成本。张五常认为所有的组织成本都是交易成本，从而将交易成本概念扩展至"制度成本"，其中"包括信息成本、谈判成本、拟订和实施契约的成本、界定和控制产权的成本、监督管理的成本和制度结构变化的成本。"③ 诺斯（1994）从组织生产的角度来说明交易成本："交易成本是规定和实施交易基础的契约成本，因而包含了那些从贸易中获取的政治和经济组织的所有成本。"④ 因此，将企业资源组织起来生产物品和劳务，要受到组织生产的制度和生产技术条件两方面因素的制约，付出转化成本和交易成本，两者之和就是生产成本。杨小凯（1998）则将交易成本分为外生交易成本和内生交易成本。前者是指交易双方在决策之前就已明确的交易成

① 科斯. 企业的性质［M］. 现代制度经济学（上卷），北京：北京大学出版社，2003：106.

② 威廉姆森. 资本主义经济制度［M］. 北京：商务印书馆，2002：32.

③ 见《新帕尔格雷夫经济学大辞典》58 页张五常的《经济组织与交易成本》辞条。

④ 诺斯. 交易成本、制度和经济史［J］. 经济译文，1994（2）：23－28.

本。后者有广义和狭义之分：广义内生交易成本需在决策的交互作用之后才能得到，并由交易次数和每个交易的成本之积决定；狭义内生交易成本是指"机会主义行为使分工的好处不能被充分利用或使资源配置产生背离帕累托最优的歪曲。"①

交易成本理论引导经济学从零交易成本的理想世界走向正交易成本的现实世界，使经济学的视野和应用领域得到极大的扩展，获得对现实经济问题新的解释力。交易成本既限制了分工的深化，又制约了企业的扩张，当企业代替市场所节省的交易成本同所增加的管理费用相等时，企业规模达到均衡点。为什么没有无限分工下去？杨小凯（1984，1999）和茅于轼（1998）发展了"最适度分工/水平"理念。尽管最适度分工属于静态和局部的概念，但它有助于我们理解分工中合作收益与交易成本的权衡。具体分析如下述过程：

假设：G 表示不考虑全社会范围内交易成本的产出（合作收益），F 表示可量化的分工程度。基于分工有益的假设，G 是 F 的增函数且服从收益递减规律，那么，可进行如下推导：

$$G = f(F)\,;\, f''(F) < 0$$

TC 为广义交易成本，是 F 的增函数，且根据费用的一般规律：

$$TC = g(F)\,;\, g''(F) > 0$$

Y 是 G 与 TC 的差，由 $Y = G - TC$，推出：

$Y = f(F) - g(F)$，则存在一个适度分工，即

$$\frac{\partial Y}{\partial F} = 0, 即 \frac{\partial G}{\partial F} = \frac{\partial TC}{\partial F}$$

如图 2 - 7 所示，支持分工所作出的支付 TC 和由分工带来的收益 G 在 F^* 处达到最大差值，即净收益极大化，在此处分工的边际收益和边际成本相等。但是考虑到制度和技术变迁的情形，如果社会科学知识等因素导致制度变迁，或者新技术引进或发明，这两种情形下，都会降低全社会的交易成本，导致 TC 右移至 TC_1 位置，即在产出给定的条件下，成本 TC 减少了。这时新的 TC 和 G 的差将因此而调整，得到 Y_1，Y_1 的最大值点相应右移，最适度分工变成 Y_1^*。由此可以得出结论：有助于交易费用降低和交易效率提高的制度变迁及技术变迁将深化分工，导致最适度分工向右移动，

---

①　杨小凯. 经济学原理［M］. 北京：中国社会科学出版社，1998：64.

并进而提高分工的净收益。

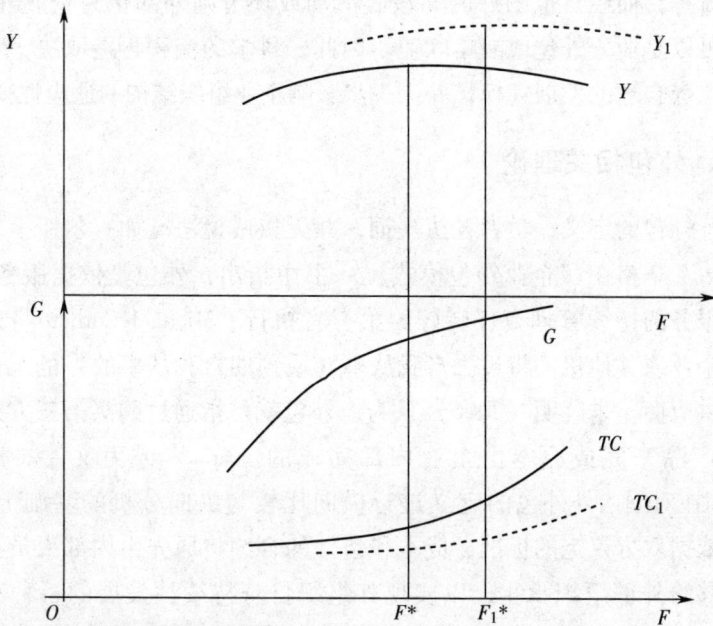

资料来源：茅于轼. 择优分配原理［M］. 北京：商务印书馆，1998：169. 其中成本 C 在此使用更为明确的 TC（总成本）。

图 2 - 7　最适度分工：交易费用和分工收益的权衡

在经济运行中，企业主要有三种行为模式选择：自己完成、由其他公司完成、与合作伙伴共同完成。从理论角度看，它们被称为组织模式（内部化）、市场交易和战略联盟。第一种模式是单独活动的内部化；第二种模式是关于同其他企业在市场中的合同交易；第三种模式是指企业间的合作关系。是否在企业间（跨市场的）或企业内推行一系列交易，取决于每种模式的相对效率。当交易成本高时，内部化将会被选择；当交易成本低而生产成本高时，会选择市场交易方式，此时可将部分非核心、低价值的流程或环节外包出去，或者实行战略联盟。企业与市场的边界位于两者组织同一个活动的边际成本相等处，公司所有权决策的重心是最小化生产和交易总成本。

综上所述，交易成本与分工收益综合影响最适度分工，并因此以动态形式框定了企业的规模和边界，进而决定生产和交易流程各环节在组织内部和组织之间的分配及优化。经营范围内的核心活动或环节则内部化为企业内的流程；而经营范围外的非核心活动或环节则外部化为企业外流程，其方式可以是业务外包或战略联盟。因此，科学的流程再造取决于企业的战略定位与合理的发展规模，并进一步影响企业组织结构的适应性变化。

三、外包相关理论

关于外包的定义，学者各执一词，并无权威说法。如查尔斯·盖伊和詹姆斯·艾辛格在《企业外包模式》一书中指出：外包是依据服务协议，将某项服务的持续管理责任转嫁给第三者执行。Michael Corbett 将外包定义为大企业或其他机构将过去自我从事（或预期自我从事的）的工作转移给外部供应商。朱晓明（2006）认为，外包就是指通过购买第三方提供的服务或产品来完成原本由企业内部完成的工作。[①] 谭力文、刘林青等（2008）在对国内外外包的定义进行横向比较与纵向分析的基础上认为，外包是依据双方议定的标准、成本和条件的合约将原先由内部人员提供的服务转移给外部组织承担，以实现其组织自身持续性发展的一种利益互动、分工协作的战略管理方法。[②] 尽管众说纷纭，但共同的含义是：外包实质上是原本由企业完成的生产活动，实行由内向外的转移。

必须明确的一点是：外包不是产出活动整体的外部转移，而是投入环节活动的外部转移。卢锋（2007）提出：外包是指企业某类产品生产的内部特定工序或流程转移到外部完成，从而使企业内部工序流程协调转变为与外部企业之间的市场交易。因而，外包本质上不是产品之间的分工方式改变，仅涉及某个产品内部诸环节和模块分工的特定形态。外包分为制造外包和服务外包，银行流程外包属于典型的服务外包。外包有效的主要原因之一是，极少企业在全部主要和辅助业务上均拥有实现竞争优势所需要的一切资源和能力。当然，并不是所有的外包决策都能获得成功，企业必须对外包的可行性进行认真的分析和研究，以保证外包活动的执行为企业创造的价值确实会超过由此导致的成本。

---

① 朱晓明等. 服务外包——把握现代服务业发展新机遇 [M]. 上海：上海交通大学出版社，2006：2.

② 谭力文，刘林青等. 跨国公司制造和服务外包发展趋势与中国相关政策研究 [M]. 北京：人民出版社，2008.

为什么会出现银行流程外包，其理论渊源如下：

1. 比较优势理论。大卫·李嘉图（1817）在《政治经济学及赋税原理》一书中提出了著名的国际分工和贸易理论——比较优势理论：如果一国与别国相比有相对优势，并实行专业化分工，无论它与别国相比是否具有绝对优势，它总可以通过贸易获取利益。在此以银行取代国家作为交易主体，可以对业务外包进行解剖：银行 A 与银行 B 分别在甲业务和乙业务上有比较优势，如果银行 A 把乙业务外包给银行 B，银行 B 把甲业务外包给银行 A，都实行专业化生产，则双方均可以通过外包交易获利。

2. 核心竞争力理论和交易成本理论。这两个理论与流程再造的关系在上文已经进行详细论述。银行应将资源和能力专注于具有核心竞争力的产品和服务，而将非核心业务外包出去。交易成本影响到企业的规模和边界，进而间接决定了哪些流程应该内化，哪些流程需要实行战略外包。

3. 价值链理论和木桶理论。价值链理论在本章已经详述，银行创造价值的能力大小取决于其价值链中最薄弱的部分，因此需要把流程中某些弱势环节外包给具有比较优势的企业来操作，则价值链将实现增值。用木桶理论来解释，银行能力的大小主要取决于木桶中最短的那块板，若将最短的木板交给其他具有优势的企业制造，能提升该木板的高度，木桶的总容量必然因此而有效扩大。

4. 长期合约理论。科斯认为，节约交易费用、取代市场的有效形式是企业，只可以在企业和市场两者之间进行选择。20 世纪 80 年代初，威廉姆森提出新的观点："如果由于内部生产的不经济造成纵向一体化的不经济，协调独立交易者之间的交易活动的长期合约安排将会出现，以节约交易费用。"也就是说，在企业内部生产与市场短期交易之间存在着第三种有效形式——长期合约。如果通过内部化无法实现规模经济，或者外部交易的监督成本过高，替代企业纵向一体化的有效形式是长期合约，可因此节约交易费用。[①]

美国著名管理学家德鲁克曾经预言："在 10~15 年之内，任何企业中仅作为后台支持而不创造营业额的工作都应该外包出去，任何不提供向高级发展的机会、活动和业务也应该采用外包形式。"[②] 因此，合理的流程外

---

① 严勇，王康元. 业务外包的迅速发展及其理论解析［J］. 南方经济，1999（9）.
② 聂规划等. 企业信息技术外包的风险与防范［J］. 科技进步与对策，2002（4）.

包对于银行业务的健康发展有非常重要的作用：

1. 流程外包有利于银行合理利用内部所不具备的能力。一个银行不可能在其业务流程中的每个环节都拥有竞争优势，将一些非核心业务或弱势业务外包给提供这方面业务流程的专家，一方面节省成本，另一方面会提高银行效率。

2. 流程外包促使银行经营灵活化。银行不再困身于一些非核心业务，而专注于跟踪客户和市场，能更好地适应不断变化的外部环境和需求；同时，当外部竞争态势发生变化时，银行只需要对核心业务进行相机调整，而对应的支持系统变化就由外包企业自己去完成，这样一来，银行的应变能力大幅提升。

3. 流程外包加速了银行对先进技术和工具的利用。新技术特别是信息网络技术的成本极其昂贵。银行如果大量投资于这些新技术将冒着极大的财务风险；但是如果不顾客户需求而放弃使用新技术，可能会面临在竞争中被淘汰的风险。因此，解决这一问题的根本出路是信息技术外包。

4. 流程外包使银行减少资本需求，降低福利成本和相应支出。一方面，银行可以节省大量资金用于其他更有战略意义的事务；另一方面，可以避免雇佣大量信息技术和后勤服务等环节的非核心员工。当然，这种因为外包而导致的成本降低，不能以牺牲更多的银行收益作为代价。

5. 流程外包可以提高工作效率。内部员工不必去管其他一些支持性业务，只需要关注他们最擅长的工作。很多支持性的事务都转由专家来完成，他们效率更高，一般比内部员工能更好地达成任务。

成功的企业将外包作为创造各类组织协同工作的手段，这种协同努力能够激发出最好的点子并将每个公司最优秀的人才聚合起来。通过创新和以战略为基础的外部合作关系实现组织扩张式的自我改造，从根本上改变了企业的经营方式。随着信息技术和网络的进一步发展以及分工的细化，外包方式越来越成为人们工作和生活中必不可少的一部分。

四、组织结构理论

组织结构是企业为实现其战略目标而形成的正式报告关系机制、程序机制、监督和治理机制、责权利关系及授权和决策过程。组织具有整体性，它由许多要素、部分按照一定的联结形式排列组合而成。除了有形的物质要素外，在各构成部分之间，还存在着一些相对稳定的关系，即纵向的等级及其沟通关系，横向的分工协作及其沟通关系。

企业组织结构的宗旨是降低交易费用和代理成本，实现分工经济和规模经济，提高信息沟通效率，充分调动企业员工的积极主动性，提高企业对环境的适应能力。企业组织结构的核心是职权划分和监督激励机制；企业组织结构的构成要素有职务范围、管理跨度、领导方式、交流渠道、正规制度、企业文化和行为规范等。有效的组织结构能为企业成功实施战略管理提供稳定性和推动力，并能保持企业当前的竞争优势。举棋不定的企业战略以及相应的组织结构只能使企业的困境雪上加霜。

企业组织结构经历了不断的创新和发展。威廉姆森在《市场与层级组织》一书中系统地阐述了企业组织历经古典型、U 型、H 型、M 型、超事业部制、矩阵制和多维立体制结构的过程。

古典型企业组织结构是一种尚未进行管理分工的原始组织结构，建立在企业发展早期业主制企业和合伙制企业的基础上。随着市场规模的不断扩大，企业不得不寻求管理本身的分工与专业化，具体表现为企业管理的直线系统和职能系统的分化以及上级对下级的分权与授权。U 型结构是最基本的一种组织结构形式，它按照经营职能来划分部门，各部门之间的运营是职能导向型的，属于依赖和协作的关系，其典型特征是在管理分工下实行中央集权控制。在职能型组织结构中，企业要尽量避免限制创新和破坏价值的官僚体制。H 型结构就是控股公司制组织结构，是公司内部分权的一种形式，属于一种企业集团，其显著特征是高度分权，总部对各子公司缺乏有效的监控和约束。M 型组织结构又称为事业部制或分权制结构等，企业主要按照项目或者产品系列、服务和营销对象以及地域分布等诸因素划分为若干分部，各分部的运营为业务导向型，并为独立的盈利中心，它属于一种集权和分权相结合的组织形式。直到今天，M 型结构仍然是大型企业最重要的组织结构形式。超事业部制结构建立在 M 型结构的基础之上，它在总部与事业部之间增加了一个管理层次，有效地解决了 M 型结构在企业超大型发展之后管理跨度过大的问题。矩阵制组织结构则是在纵向职能系统的基础上，再建立一套横向的目标或项目系统，把按职能划分的管理机构与按产品、服务项目划分的小组结合起来，形成一个矩阵。此后，在事业部制结构和矩阵制结构的基础上，发展出多维立体制结构，它使得企业员工受到来自三个不同方面的管理：按职能划分的管理机构、按产品或服务项目划分的部门、按地区划分的分支机构。但是，纵向、横向的多重领导，必然带来责任不清、推诿塞责和决策延误。因此，矩阵制结构和多维立体制结构模式都尝试着在企业中构造一种网状结构，以解决信息共享和内部协作的问题。

20 世纪 80 年代以来，流程再造、学习型组织、战略联盟、虚拟组织、网络组织等组织结构理论的出现，反映了未来企业组织结构的发展趋势。从企业内部组织来看，组织结构呈现出分立化、归核化、扁平化、柔性化、内部市场化、流程优化、学习型等创新趋势；从外部关系来看，组织结构呈现出模块化、网络化、无边界化、虚拟化和多方位协作化等发展趋势。

企业组织结构的演化如此多样化，其影响因素很多，其中战略因素和企业规模因素两者至关重要。1962 年，钱德勒在《战略与组织结构》一书中描述了企业战略演化和企业组织结构变化的相应关系，提出了"结构跟随战略"、"公司的战略必将决定其结构"的著名论断。他将战略的发展分为四个阶段，每个阶段都有适应性的组织结构。研究表明：如果保持在单一行业发展，集权的职能结构比较合适；而分权的事业部结构则适合多元化经营的公司。[①] 布劳认为影响组织结构模式的基本要素是企业规模。当企业规模扩大时，组织的复杂性程度提高，并连带提高专业化和规范化程度，此时，进行分权化改革就势在必行。

事实上，组织结构模式不存在好坏之分，对应于某一组织特定的条件和战略目标，必定有一种更有利于提高其管理效率因而也是当时最佳的组织结构，但它还会跟随企业的发展因时而变。一般来说，随着任务复杂性、不确定性和经营规模的增加，企业内部的临时性组织越来越多，权力越来越分散，其组织的柔性化程度则越来越高。企业需要完成工作和任务的类型与企业组织结构的设立有着较大的关联性。如图 2－8 所示。

战略和结构之间存在交互作用的关系，改变企业当前战略或选择一个新的战略都要求组织结构发生相应的变化；战略和结构的有效匹配能为企业带来竞争优势，而当企业战略与运作流程不能同最适当的结构和控制相匹配时，企业业绩将会下降。流程的设计通常先于组织结构的设立，当流程再造后，必须进行适应性的组织结构再造；而有效的组织结构又反过来

---

① 吴培良，郑明身，王凤彬. 组织理论与设计 [M]. 北京：中国人民大学出版社，1998：6－9，98－101.

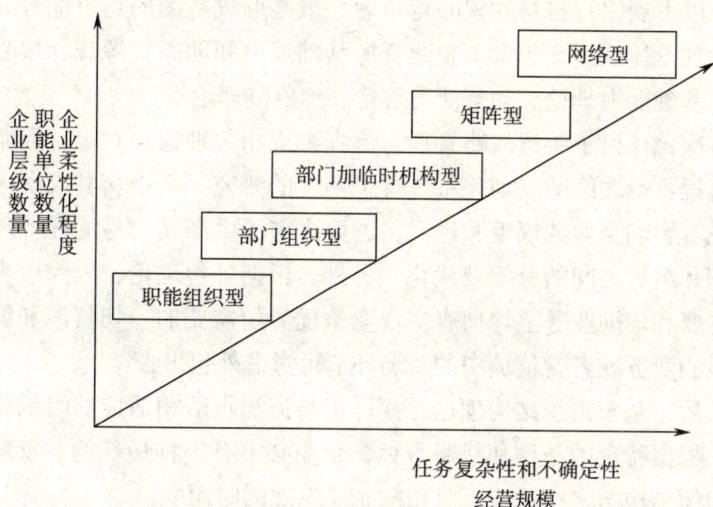

资料来源：李卫东．技术创新与企业组织结构选择［D］．厦门：厦门大学博士学位论文，2002。

图2－8 企业任务类型与企业组织结构的关系

保证业务流程的顺利运行。因此，从战略管理的角度来看，任何一家银行的流程再造必然伴随有组织结构再造，甚至成为流程再造不可分离的一部分。

第四节 本章小结

本章作为基础理论部分，旨在为全书的论述奠定一个逻辑线索和理论分析框架。

首先，阐述了银行流程再造理论，指出银行再造的本质是从根本上重新设计银行的业务流程，要从银行长期发展战略目标出发，以流程再造为契机，使银行再造演化成一种更为系统化、更贴近银行实际、更利于实践绩效改进要求的银行经营范式整体转换活动。从信息技术、经营理念、运作模式、组织结构、科学定价和成本管理等角度分析了银行流程再造的动因。同时以四要素分析法对银行流程再造的机理进行了探讨。

其次，重点分析了企业资源与能力理论。该理论是本书研究的主要视角和理论主线。银行流程再造的核心思路和主要工作最终归集为：通过资源和能力的发掘与整合，重新设计业务流程，实现内外部价值链的改善和增值，以发展银行自身的核心竞争力，最终形成持续的竞争优势。在资源与能力理论体系下，包含了企业资源基础理论和动态资源观、核心竞争力理论、基础能力理论、动态能力理论、价值链理论等。

再次，探讨了银行战略管理与流程再造相关理论。对银行战略管理与银行流程再造之间的互动关系进行了一定的研究。基于交易成本理论提出交易成本影响企业的规模和边界，进而决定了生产和交易流程各环节在组织内部和组织之间的分配及优化。另外，根据外包理论，因为极少企业在全部主要和辅助业务上均拥有实现竞争优势所需要的一切资源和能力，所以非核心业务或者价值链中的薄弱环节可考虑外包出去。

最后，基于组织结构理论，探讨了与流程再造相适应的组织结构再造问题，根据特定的条件和战略目标，企业必定有一种最佳的、管理效率最高的组织结构与之相适应，且跟随企业发展因时而变。

根据上述理论基础，并以资源与能力理论作为主线，从下一章开始，主要研究银行流程再造的实施要素、风险管理、时机和条件，分析银行（信用社）流程再造的具体操作方式；最后通过实践案例研究，佐证流程再造及其相关理论，并提出信用社流程再造的优化路径。

第三章　银行流程再造的基本要素和逻辑框架

银行流程再造是一项庞大而系统的工程，它必须以管理理念的创新为前提，基于既定的发展战略，选择合适的时机和模式，以价值链的创造与优化作为基石和终极目标，实施循序渐进而又全面、彻底的改造。同时，流程再造是信息技术发展到一定阶段的产物，它追求的是银行业和信息技术深层次的结合；就对信息技术的利用来看，银行流程再造可谓深度的信息化。

第一节　流程再造的动力
——管理理念和信息技术

流程再造一方面是在资源和能力整合基础上的经营范式转换，另一方面也是管理理念创新和信息技术发展到一定阶段的产物。没有上升到哲学层次的管理创新理念的指导，流程再造可能会迷失方向；如果没有信息技术支持和创新，流程再造则会缺乏基本的手段和推动力。

一、流程再造的前提——管理理念创新

作为再造工程的基础，流程再造几乎成了再造的代名词。或许正因为如此，在再造实践中人们往往容易忽视管理再造，这也成了再造实践失败率较高的重要原因之一。[①] 事实上，银行再造是一场整体的经营变革，单纯的流程再造只是从银行的技术、手法等硬因素上着手，物理特性明显，银行核心竞争力的建立和提升并非由单一的流程再造使然。流程是由人去进行操作的，而人却需要理念来指导。如果一项流程再造工程没有得到员工的事先认可与承诺、观念上的配合以及行动上的集体支持，失败将成为

---

① 聂叶. 银行再造：理论与实践 [M]. 北京：中国金融出版社，2004.

必然的结果。银行管理理念的不断创新是银行流程再造的基本保证，只有两者相互结合，才能实现银行经营范式的彻底转换。随着业务流程的再造，其他与银行管理有关的内容诸如战略规划、经营思路、人力资源、组织结构、员工技能、权力分配、价值观以及规章制度等软因素均应有重大的改变，使之与银行流程再造相适应。这些正是再造思想在实践操作中的外延和伸展，管理理念的变化和创新是构建这一系统工程的重要前提和保证。

作为服务性企业，银行在为客户提供金融产品和服务的过程中实现了价值的创造。银行再造就是要将客户、员工、股东和管理者四者纳入一个完整的价值体系，客户价值的增加也意味银行价值的增加。因此，必须通过再造来构建全新的银行管理结构，以客户为中心寻求利益相关者之间新的价值平衡。对股东来说，传统职能管理中绝大部分冗杂的工作在再造中被删减，立即节省成本，提高效率，利润显著改善。对管理者来说，大部分的日常活动实现流程化和标准化后，能避免琐事烦扰，专心研究银行的重大战略和长远发展问题。对员工来说，工作所需的信息公开化、价值决策的前置化，大大减轻了员工的工作压力；同时，因为提高了员工工作的丰富性和挑战性，其职业价值感和精神满足感得到增强。对客户来说，再造使组织系统更加柔性，能够随时满足其不断改变的服务要求。所以，再造过程中，关联方的利益平衡点都归结到价值创造上面。毋庸置疑，银行再造是一种创新的价值管理模式。

再造实质上是变革企业的一种管理创新思想，它指导企业不断找出新的难点和关键工作流程，以实现新的突破。银行再造并不是最终目的，它只是一种手段，是银行转型过程中的一种催化剂（保罗·艾伦，1994）。再造使银行从"以自我为主"、"按部就班"的文化转变为"客户至上"、"随机应变"的企业文化。员工获得相应的自主决策权，由听从安排变为主动投入。真正的改革不是轻而易举的，它需要挑战所有传统的银行规则，并改造企业的文化。正如约翰·科特在其名著《企业文化与经营业绩》中所说："企业文化在下一个十年内很可能成为决定企业兴衰的关键因素。"企业文化包括企业内部环境、经营理念、企业精神、行为规范、传统和仪式、价值观等，企业文化从多方面影响与制约着员工的实际行为，不同的管理理念和价值观从根本上决定着企业流程结构的质与量。正如保罗·艾伦（1994）所说："再造一家银行不仅需要重新设计成本流程、系统和结构，也不仅仅是建立定价机制和更加关注客户的文化，它关心的还有组织和文化变革。在作者协助再造的每一家银行里，员工都有极强的关注客户的驱动力。"① 只有流程再造和管理再造同时实施，才成为行之有效的系统再造工程。

二、流程再造的目标——战略实现

不同的战略发展目标决定了银行不同的经营管理模式，进而形成具有自身特色的流程系统，因此，可以说流程是"固化的战略"。一般来说，服务对象和服务职能单一、处于较低级发展阶段的银行，其业务流程相对简单且路径较短；而经营管理复杂、职能综合、处于较高级发展阶段的银行，其业务流程也相对繁复且路径较长。这样，基于战略目标的不同，两者的再造思路、内容和方式也相应不同。比如我国农村信用社，前文提到因发展阶段和基础的差异化，其产权制度的改革分为三种基本模式：完善原有的传统合作制、推行股份合作制以及实现向股份制商业银行的转制。三种不同的未来战略发展模式，决定了不同农村信用社的服务对象、金融产品、运作机制、人员素质、组织架构、业务流程和竞争能力都存在很大的不同，也相应决定了它们流程再造模式的不同。

以即将改制为股份制农村商业银行的信用社为例。传统农村信用社以社员互助合作、民主管理和服务社员为特点，而改制成立的农村商业银行则是由农民、农村工商户、信用社员工和其他各类经济组织共同入股，为城乡经济服务的股份制地方性金融机构。在经济发达、城市化进程较快的地区，"三农"概念已今非昔比，农业比重极低，甚至低至5%以下。农民大都不再从事传统种养业，而以工商业为主，对纯粹支农服务的要求很少。这些地区的农村信用社早已实行商业化经营，同其他商业银行差别不大，其管理理念也较为超前。因此，这些地区的农村信用社，因经营状况较好，可推行股份制改造，组建农村商业银行。但是，这类农村信用社也面临着产业转型、客户需求、信息技术、成本定价系统改变等动态新环境。原有的业务流程、经营模式已经无法适应新的市场竞争要求，必须利用转制契机，依托新技术，突破常规思想和方法，大力推行流程再造，在

---

① 保罗·艾伦. 银行再造——生存与成功范例［M］. 北京：中国人民大学出版社，2006：96.

金融产品设计、经营管理模式、客户选择、服务项目等方面按照现代商业银行的模式进行改革，在自身业务发展与服务"三农"大局之间取得平衡。

流程再造是农村商业银行和准备转制为农村商业银行的信用社战略性整体再造的核心及长期可持续发展的生命线。要通过改变、提升现有的业务流程，以客户价值为中心，打破传统的职能部门界限，形成以流程为主导的业务垂直化和结构扁平化模式，进而显著提高整个组织的绩效，达到适应动态竞争环境和保持持续竞争优势的目的。保持流程再造工作统一有序进行的必要前提是明确战略发展路径，按照既定的路径审核现有流程，制定和实施流程再造方案，从而确保各项流程再造设计保持一致的方向，避免冲突发生。[①]

正确建立经营愿景、弄清业务流程对战略目标影响力的大小，以便发现和理解银行发展改革的瓶颈，利用先进的信息技术加以改造，是银行实施流程再造的首要任务。业务流程是实现银行战略目标的手段，并通过战略目标相互联系形成一个复杂的企业系统。因此，在既定的战略思想指导下整合实施流程再造，才能找准发展方向，在合适的时间以合适的方式做合适的事情。基于战略选择的流程再造才具有宏观指导意义和微观操作意义。

三、流程再造的助推器——信息技术创新

银行再造建立在整个社会信息技术飞速发展和个体银行信息技术条件成熟的基础上。可以说，伴随着信息技术在银行中的应用，银行才产生再造这样一个新概念和新思想，是银行实现高效益、高质量、高反应速度、低成本的重大战略措施。[②] 银行再造的创始人哈默认为如果没有信息技术的力量，商业银行再造只是一句空话。信息技术是银行流程再造中关键性的资源和助推器。

21世纪是计算机技术和网络技术日益更新的信息经济时代，只有率先使用新技术来处理信息、克服组织发展障碍的银行，才能在未来竞争中处

---

① 罗韵轩. 农村信用社改制转型中的流程再造研究：以农村商业银行模式为例［J］. 南方金融，2008（9）.

② 田晓军. 银行再造［M］. 上海：上海财经大学出版社，2002.

于领先地位。银行流程再造通过改变传统分工方式，下放权力给第一线员工，减少中间管理层审查，从而实现专业知识与决策信息的共享。没有信息技术的支持将无法实现这样的变革。信息技术创新对银行最大的价值在于它创造了新的时空观念、工作方式和经营规则，并改变银行的经营理念。不改变整个工序和办事方式，简单地把原来由人做的工作以机器代替，只是信息技术最低层级的开发。银行再造就是要超越对信息技术初步的数据资料处理功能，创造性地运用信息技术，彻底翻新业务流程，取得脱胎换骨的改造效果。

成功的银行再造并不局限于信息技术设施的改造，而是将信息本身奉为核心资产，一切以信息管理为优先，即在对 IT 的利用方面，对"I"的重视更甚于对"T"的重视。银行再造几乎一开始都是经由整合信息基础设施着手，使信息传输效能大增，以求在海量信息的收集上出现"万流归宗"的效果。但是，具有重大竞争优势的银行，其独到之处在于：一旦信息技术设施就绪，就不再流连于技术层面，而是马上实施晋级将信息本身奉为核心资产，采取信息密集策略，运用大量信息，采用多样的统计方法预测客户的选择行为，将银行与客户之间可能发展、形成的各种关系主动加以管理。从流程再造到客户关系管理，是银行再造对信息技术利用的新趋势。流程再造从最开始的强调银行内部的改造发展到银行自身、供应商和客户之间的联动式改造，银行只有通过加强彼此间的联盟才有可能对迅速变化的市场作出快捷反应，从而实现低成本、高品质、及时满足客户需求的目标。信息技术恰恰为实现这种有效联盟以及整合银行内部资源和能力提供了有效的手段。正如波特（1985）指出的，信息技术通过三个途径影响产业的竞争：其一是改变产业结构；其二是有效导致商业银行差异化战略与低成本策略的实现；其三是信息技术促进新产业机会的形成。

流程再造过程中，需要利用信息技术为银行创造一个扁平化、柔性化的组织结构。传统银行流程中在串联的层级管理模式下，集权与分权的矛盾始终无法解决。在信息技术时代，银行总部可通过网络系统保持对各分支机构的领导权威，及时发布命令和指示，随时了解各分支机构的经营状况；各分支机构在总部授权的范围内，有效处理各项业务，并得到总部及时的支持和帮助。总部的管理能力得到加强，分支机构将主要资源运用于日常经营工作中，运行效率提高。因此，银行通过创造性地运用信息技术，能有效淡化集权与分权的矛盾。

　　银行要应用信息技术对流程进行规范化、集成化的改造，保证数据来源唯一、信息资源共享。任何数据信息，由一位员工输入后，其他人员均可共享，既能减少重复劳动，又避免差错。系统可根据员工授权查明信息来源，明确责任。输入数据的处理结果，存储在相应的数据库中，可以迅速调用和分析，做到实时、迅捷地响应环境变化。所有决策建立在同一数据信息基础上，避免由于信息失真而导致的决策失误。要建立统一的客户数据库，实现整个客户管理系统的标准化、开放性和可扩展性；通过对客户信息集成并进行数据挖掘和分析，对不同价值和风险度的客户进行等级管理。总部和分支机构都要设置专业团队或岗位人员从事客户信息的调研和分析工作，分析客户层次，研究市场结构，找准产品研发的目标，适时创新，并完善售后服务和问题补救机制。

　　总的来说，与银行流程再造相适应的新信息业务系统必须有以下几方面功能与特征：一是支持大集中模式的系统建设、产品生产和统一的客户服务，并能为内部风险管理和外部审计留有接口；二是具备以客户为中心的设计理念，将客户信息作为独立的系统模块，设计专门的客户服务系统对客户信息进行专门的收集、管理和细致分析；三是要具有绩效分析功能，建立以经济资本为核心的绩效管理系统；四是对历史数据进行积累，通过对成本、风险和收益情况的分析来设计和开发新产品，并对新产品实施有效定价；五是提供多渠道、全方位的个性化金融服务，丰富服务内容，提升服务质量，满足客户的个性化需求。可以说，信息技术创新是银行流程再造的助推器，任何一家银行在实施流程再造的同时通常伴随着信息技术系统的升级换代。

第二节　银行流程再造的风险管理和时机选择

　　商业银行是一个风险集聚的行业。据统计，大约有70%的流程再造项目最终失败。可见，流程再造过程中高风险与高收益并行。因此，在流程再造之前应进行必要的可行性研究，分析流程再造的基本要素是否齐全。譬如银行是否有足够的资源和能力支持一场流程再造运动？再造的时机和条件是否成熟？能否实行有效的事前、事中及事后风险控制？这些都是不容回避的问题。

一、流程再造的风险管理

再造失败的原因很多时候在于对流程再造的风险估计不足、缺乏对流程再造阻力的适当化解以及对再造基础条件的错误审视等方面。如何有效防范和控制流程再造的风险是一个亟待解决的重要问题。

流程再造主要包括四类风险：人员风险、管理风险、商业风险和技术风险。人员风险指再造参与者的阻力，这种阻力包括员工对裁员和未来不确定性的抗拒、参与的意愿与承诺、对再造中工作的配合和投入程度、再造后对新技能的培训和适应等；管理风险则表现为对变革过程的控制和管理，如再造方式的选择、进程的确定、成本的控制、配套系统的不完善、突发事件的处理、绩效的评价、再造的广度和深度等；商业风险主要为外部因素所致，如流程与活动的合作商以及再造咨询公司的选取不当、市场竞争者的先见性再造、客户和公众的不认可等；技术风险则是指流程再造手段的选取、以 IT 为核心的信息系统设计和规划出现问题等。克服和减少风险的关键是要有预见性、资源整合能力和危机应急能力，能够有效控制上述风险影响因素。

在流程再造项目的推行过程中，银行要加强可行性研究，对风险预警和风险管理给予充分的关注，保证流程再造指向预定的目标。

1. 设立风险管理小组。流程再造团队的职责是分析现有的流程，并负责设计和执行新的流程，必须建立风险管理小组来识别、评估、反馈和控制再造风险。风险管理小组由风险主管、危害性风险分析员、财务分析与稽核人员、损失控制工程师和信息技术人员等组成，可根据项目自身特点进行适当调整。小组成员需要互相合作，共同完成风险评估和控制工作。

风险管理小组要全程参与流程再造，通过各种方式及时发现项目可能存在的风险，并提出风险解决方案，尽快处理，减少损失。同时，风险管理小组要信赖银行员工对流程再造的关注，充分发挥全员风险防范的积极性，让流程再造的风险管理真正落到实处。具体风险管理过程如图 3－1 所示。

2. 建立风险管理信息系统。风险管理本质上是对信息的管理，它不是消极地局限于信息的收集与存储，而是基于风险管理目的对信息进行发掘、整合、分析和积极利用。在实施流程再造的过程中，应在集中化的信息管理平台基础上建立专门的风险信息管理系统，完善再造风险的预警、

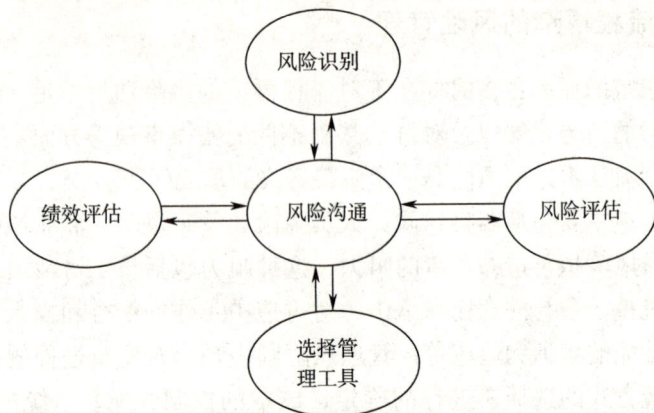

图 3 - 1　风险管理小组的控制程序

监测、评估、识别、反馈和化解机制，对流程再造进行全方位、全过程的风险管理，以提高流程再造的成功率。

3. 流程再造的风险规避。作为一场彻底、全面的变革运动，流程再造涉及企业的各方面、各要素，只有所有要素都与流程的战略导向看齐时，流程再造才能规避风险，导向成功。因此，在流程再造活动中确保做到以下几点是至关重要的。

(1) 以流程优化作为根本出发点。流程再造以流程导向代替职能导向，引入满足利益相关者期望的团队伦理和共同责任理念，拓宽员工视野，使其意识到自己在流程中所起的作用，这个流程比自身运作的职能要宽泛得多，职能条块分割的樊篱因此而被推倒。流程思想坚持以客户为中心，依照价值增值过程重新整合相关操作环节和活动，组成适应客户需要的、高效率的整体流程，并以此为基础重新设计企业组织结构。

(2) 以组织结构扁平化作为基础。当组织按照"上下级"关系来运作，员工的关注点会集中在"上级、职能、任务"之上，而非"顾客、流程、结果"之上，这将导致企业缺乏市场应变能力和业绩不佳。扁平化按照责、权、利统一的原则，缩短管理链条，优化员工结构，加快信息沟通，提高组织执行力。在前台通过压缩管理层级、科学授权和客户细分以提高市场反应能力；在后台则通过流程优化减少工作环节，提高效率。

(3) 选择合适的流程再造实施方式。流程再造的本意是摒弃过时的流程和管理制度，实行一场彻底的革命。但企业情况千差万别，采取"一刀切"方式实施流程再造是不合适的。需要弹性工作条件的、业务流程相对容易改造的、无须大量硬件设备投入的流程,适合采取剧变方式;而业务流程刚性、需要长期资本投入的流程,适合采取渐进方式。从整体上来看,为了避免不必要的阻力和反弹,彻底性与渐进性相结合也是理性的降低再造风险的选择。

(4)以企业文化作为持久推动力。企业文化通过形成具体的行为规范在流程再造中发挥积极作用。要将已有的文化理念贯彻落实于包括计划、组织、指挥、协调、控制等在内的企业管理全过程。只有当企业文化和创新的管理理念渗透员工内心,形成组织内部伦理和大多数员工的共识,员工真正明白企业追求的价值目标,才会自觉维护组织利益,更加踊跃地投入流程再造活动。

同时,在整个再造过程中,银行必须采取相应的措施防范和控制风险,以保证流程再造的顺利推进,具体包括:(1)流程再造前对主要风险作出有效识别和评估,区分关键风险及其主要影响因素,评估其作用大小和程度。(2)有效克服再造参与者的行为风险,营造良好的再造氛围,减少阻力,增加合力。(3)克服决策风险,这些决策主要包括制定再造目标、识别再造时机、审视再造的资源与能力等。这些组合决策的最终目标是要形成一个切合银行实际、行之有效的流程再造方案。

二、再造成败——时间和条件的选择

流程再造时机的风险在于两个方面:一是时间选择失误,企业在再造时机不成熟而应该继续等待的情况下,仓促进行流程再造。二是再造条件判断失误,企业对当前自身的经营状况和外部环境分析出现问题,再造条件欠缺时盲目实施流程再造。上述情况下的再造活动基本上都以失败而告终。

再造成功的基础条件是再造时机的成熟和条件的成熟。通常适合再造的时机包括:(1)营业额和市场占有率大幅下降,可能出现生存危机。(2)某项足以改变市场竞争规则的新科技即将产生,只有进行流程再造,方能创造新的竞争优势。倘若时机选择不好,会对流程再造形成极大的阻力和困难。通常只有在企业需要重新确定一个强化的战略地位时,才有可能真正实施流程再造。

实施流程再造的条件包括:(1)设立关键流程的商业运作模式、交易环境或者信息化基础已经更新。（2）外部市场将产生变化，如产品丧失竞争力或者生命周期缩短，销售急剧下降，行业出现新的有实力的进入者并形成了新的行业规则等。（3）预测竞争对手将在质量、服务、成本、效率和灵活性等方面产生优势。（4）需要提出新的愿景或战略以增强运营能力。（5）需要重新评估发展战略，重新定位产品与服务或者进入新的市场。

按照保罗·艾伦（1994）的说法，对银行进行再造的最佳时机包括：一是银行股票价格表现疲软，这传递了市场或者股东对银行经营的不满；二是战略导向与市场股价之间出现矛盾；三是溢价比率不够，表明银行在获利能力与成本基础两方面无法做到平衡；四是银行内部出现官僚主义和繁冗的程序，降低了效率；五是高层管理者具备了再造的愿望和技巧，使得银行再造真正付诸实施并取得成功的决心和信念必须来自银行本身，而非对外部危机的被动应付。

下面将采取量化模型的方式来说明如何衡量再造的时间与条件。该模型基于一定的假设条件而成立，在实践中应予注意。

三、流程再造时机的决策模型

（一）相关假定

当一家银行面对流程再造决策时，相关假定因素如下：（1）流程再造后的预期利润是不确定的，可能增加也可能减少；（2）实施流程再造前，外部的有关信息将会定期提供给银行；（3）每条信息对流程再造是否有利可以由银行准确分辨；（4）假定各信息相互独立并服从同一分布状态。

（二）模型的表述

Z_1、$Z_2 \cdots Z_i$ 表示银行收到的一系列有关信息，其中 $Z_i = 1$，表示第 i 期收到的有利信息；$Z_i = 0$，表示第 i 期收到的不利信息。Z_1、$Z_2 \cdots Z_i$ 相互独立且服从同一分布：$\theta = p \{Z_i = 1\} \in (0, 1)$，其中 θ 为 θ_1 或者 θ_2，且假设 $0 < \theta_2 < \theta_1 < 1$ 成立。另设不利信息对应的收益为 R_0，有利信息对应的收益为 R_1，且 $R_0 < R_1$。则 θ 表示实施流程再造时收益为 R_1 的概率，$1 - \theta$ 表示收益为 R_0 的概率。R_1 和 R_0 均为实施流程再造而获得的各期收益的总现值。

若银行流程再造成功了，则收益为 r_1；若失败了，则收益为 r_0。以 C

表示流程再造的成本，则银行的期望利润水平为：$r_1 + r_0 - C = \theta_1 R_1 + (1 - \theta_1) R_0 - C$，并且假定：$\theta_1 R_1 + (1 - \theta_1) R_0 - C > \theta_2 R_1 + (1 - \theta_2) R_0 - C$。如果 $\theta = \theta_1$，表示流程再造带来利润是成功的；若 $\theta = \theta_2$，表示流程再造没有利润是失败的。流程再造的时机问题其实就是在马上实施还是继续观察一段时间后再实施之间进行选择。这就要求分别计算两者的期望利润水平之后，再进行决策。要计算这两种情况下的利润水平，必须知道 θ 值（即再造成功的概率）。

此处通过一个贝叶斯估计过程来估测 θ 值，也就是说，假定本期对 $\theta = \theta_1$ 的相信度（概率）为 p，则对 θ 的估计值为：$q(p) = p\theta_1 + (1 - p) \theta_2$。假设在再造初期，银行认为成功的概率为 $g \in (0, 1)$。该概率取决于决策者的知识结构、经验等因素，对某个银行来说一般是可知的。这样，对 θ 进行贝叶斯估计可进一步表述为：

（1）如果银行以概率 p 相信 $\theta = \theta_1$，在收到一条有利信息时，则新的相信概率为：$h_1(p) = p\theta_1 / q(p)$。

（2）如果收到一条不利信息，则其相信概率为：$h_0(p) = p(1 - \theta_1) / [1 - q(p)]$

（3）如果银行收到 n 条信息，其中有 k 条信息是有利的，则新相信概率 $\theta = \theta_1$ 的概率为：$p(n, k, g) = \{1 + (\theta_2/\theta_1)^k [(1 - \theta_2) / (1 - \theta_1)]^{n-k} [(1 - g) / g]\}^{k-1}$。其中：$g$ 为最初相信 $\theta = \theta_1$ 的概率。

令 $V(p)$ 表示当银行现期相信 $\theta = \theta_1$ 的概率为 p 时的最大期望利润水平，则：$V(p) = max \{V^a(p), V^w(p)\}$。其中：$V^a(p)$ 表示现期实施流程再造的期望利润水平；$V^w(p)$ 表示继续等待的期望利润水平。

则 $V^a(p) = q(p) R_1 + [1 - q(p)] R_0 - C$；

$V^w(p) = \beta \{q(p) V[h_1(p)] + [1 - q(p)] V[h_0(p)]\}$

若 $V^a(p) \geq V^w(p)$，则 $V(p) = V^a(p)$，表示时机成熟，即可进行流程再造；反之，则将继续等待合适的时机。

由于 $V^w(0) \geq 0 > V^a(0) = \theta_2 R_1 + (1 - \theta_2) R_0 - C$

$V^w(1) = \beta [\theta_1 R_1 + (1 - \theta_1) R_0 - C] < V^a(1) = \theta_2 R_1 + (1 - \theta_2) R_0 - C$

可知，当 $p = 1$ 时，$V^a(p) - V^w(p) > 0$；当 $p = 0$ 时，$V^a(p) - V^w(p) < 0$。则银行进行流程再造的最后决策为：

结论 1：存在（0，1）区间上的一点 p^*，当且仅当 $p = p^*$ 时，$V^a(p) = V^w(p)$。根据这一结论可得出银行实施流程再造的最优决策为：在任何决策期，如果 $p > p^*$，则相信流程再造成功的概率大于一个临界值，可实施流程再造；否则就应等待。

结论 2：由于 p^* 关于 C 单调递增，关于 g，k，r_1，r_0，β 单调递减，由此可知，固定费用投入越高，则实施流程再造的可能性越小；银行最初相信再造成功的概率越大，则观察到的有利信息越多；实施再造以后的各期收益越大，或者折现率越高，银行本期实施流程再造的可能性就越大。

上述结论 1 说明立即采用流程再造不一定是最优决策，但只要 $g \neq 0$，且 $\theta = \theta_1$，根据大数定律有：$p \{\lim\limits_{n \to \infty} p (n, k, g) = 1\} = 1 > p^*$，则可得出结论 3。

结论 3：只要银行的 $g \neq 0$，尽管立即实施流程再造不一定是最优决策，但是一个成功的再造即 $\theta = \theta_1$ 最终必将被实施（因为其概率趋近于 1）。在银行尚未对流程再造的盈利潜力充分认识之前，即 $g < p^*$ 时，则银行将延迟再造，但随着对再造认识的逐步加深（即 g 值的不断增大），流程再造最终将被实施。

四、流程再造条件的决策模型

（一）模型思路

涉及企业重大转型的变革运动通常是集体决策的结果。由于企业决策者的风险偏好、知识经验、认知能力和思考问题的出发点不同，就算在信息数据共享的情形下，也会最终产生再造决策思想的差异化；再加上流程再造的部分指标难以量化，决策难度加大，决策的科学性并不容易保证。因此，建议运用德尔菲法、层次分析法和模糊综合评价法来解决条件识别问题。

（1）根据战略决定流程再造的原则，落实反映战略的各项经营指标，通过对各项经营指标进行科学分析和可行性论证，找出再造的可行集合以及不可行集合，并因此确立再造与否的临界值和标杆集合。（2）组织来自各方面的专业人士，经过全面研究和讨论，使用德尔菲法对各项经营指标及企业基本状况进行模糊评分。（3）在此基础上，以评分结果作为依据，形成最大隶属函数，并通过隶属度来分析和确定再造条件的完备情况以及再造可能出现的风险，如果处在再造可行区间范围内，则表示具备再造条件；反之，则表示暂缓再造。

（二）模型的构建

1. 给出评价指标体系，确立各指标及其层次结构。如表3－1所示：

表3－1　　　　　　　　　　　　**评价指标体系表**

一级指标 u	权重 w	二级指标 u_i	权重 w_i	隶属函数 r
u_1	w_1	u_{11}	w_{11}	r_{11}
u_2	w_2	u_{12}	w_{12}	r_{12}
…	…	…	…	…
u_n	w_n	u_{1n}	w_{1n}	r_{1n}

（1）完善综合评价体系：以表3－1中的各项评价指标作为评价因素，则一级指标因素集 $u = \{u_1, u_2, \cdots, u_n\}$，而 $u_i = \{u_{i1}, u_{i2}, \cdots, u_{in}\}$ 为二级指标因素集；根据实际情况依此类推，还可以划分出更多层级的指标，从而形成一个比较完整的指标体系。

（2）设立权重集：要实施科学合理的量化分析，确立各项指标的权重系数至关重要，其中一级指标 $u = \{u_1, u_2, \cdots, u_n\}$ 的权重系数为 $w = \{w_1, w_2, \cdots, w_n\}$，二级指标 $u_i = \{u_{i1}, u_{i2}, \cdots, u_{in}\}$ 的权重系数为 $w_i = \{w_{i1}, w_{i2}, \cdots, w_{in}\}$。

（3）求出隶属函数：所有子指标都存在隶属函数，必须予以确定并进行相应的指标评价。设 U 为论域，并因此假定 U 的一个模糊集合 A 为论域 U 上的一个实值函数，以 $\pi A : U \to [0, 1]$，$U \to \pi A$ 来表示。对于任何 $u \in U$，$\pi A(u)$ 称为 u 对于 A 的隶属度，πA 为 A 的隶属函数。此时，通过科学合理地运用德尔菲法，确定隶属函数，其具体实施过程是：由专业人士分别实施盲评—分析整理盲评意见—进行匿名形式的意见反馈。经过几轮循环反复，最后产生相对一致的评价意见。设 $e_i(x_i)$ 为指标 u_i 的隶属函数，其分值由专业人士认定。

（4）依据隶属程度进行比较分析。已知 A 为指定论域 U 上的一个模糊函数，然后再假定 $u_1, u_2 \cdots u_n$ 为论域 U 中一个有待判定的集合，则可得出如下结论：如果 $A(u_1) = \max\{A(u_1), A(u_2), \cdots, A(u_i)\}$，则可以因此界定 u_i 优先属于模糊函数 A。

（5）分析隶属度。根据上述（3）的方法，求出各级子指标的隶属函数后，再对各项指标实施详细的评判和认定。如果一级指标 u_i 有 m 项二级指标，评审专家为 n 个，则得出计算相应隶属度的公式如下：

$$e_i = (w_{i1}, w_{i2}, \cdots, w_{im}) \begin{vmatrix} r_{11} & r_{12} & r_{13} & \cdots & r_{1n} \\ r_{21} & r_{22} & r_{23} & \cdots & r_{2n} \\ \vdots & \vdots & \vdots & & \vdots \\ r_{m1} & r_{m2} & r_{m3} & \cdots & r_{mn} \end{vmatrix} = (e_{i1}, e_{i2}, \cdots, e_{im})$$

其中：e_i 表示对二级指标的隶属度；w_{ij} 表示二级指标 u_i 的权重；r_{ij} 表示再造银行对 u_{ij} 的隶属函数。

2. 进行评定的一般程序。

（1）基本标杆集的确立。通过吸取类似银行获得的再造成功的经验，分析其再造前的各项重要指标，并将这些指标集合视做再造成功条件的主体论域。此外，可将其中的关键指标界定为再造成功的必要条件，对其实行一票否决制。假设各指标中最劣隶属函数组成的劣向量为 $B = (0, 0 \cdots 0)^T$，各指标中最优隶属函数组成的优向量为 $G = (1, 1 \cdots 1)^T$，评价指标数为 m 个。

（2）约束集合和差异度的认定。假设拟再造银行其各项指标的隶属函数为：$F_j = (r_{j1}, r_{j2} \cdots r_{jm})^T$，各因素的相应权重为 w_i。令定义指标的次约束集合为：$C = \{r_{j1}, r_{j2} \cdots c_i, r_{jm}\}^T$，其中 c_i 是恰好达不到拟再造银行对特定指标 $i(i \in k)$ 的基本要求时所对应的最大隶属函数。

在上述分析的基础上，可以定义 F_j 与优向量 G 的差异程度：

$$d_1(F_j, G) = \frac{1}{\left[\sum\limits_{i=1}^{m} (w_{ji} \mid r_{ji} + g_i \mid)^2 \right]^{1/2}} \left[\sum\limits_{i=1}^{m} (w_{ji} \mid r_{ji} - g_i \mid^2) \right]^{1/2}, \text{其}$$

中 $g_i = 1$。

定义 F_j 与劣向量 B 的差异程度：

$$d_2(F_j, B) = \frac{1}{\left[\sum\limits_{i=1}^{m} (w_{ji} \mid r_{ji} + b_i \mid)^2 \right]^{1/2}} \left[\sum\limits_{i=1}^{m} (w_{ji} \mid r_{ji} - b_i \mid^2) \right]^{1/2}, \text{其中}$$

$bi = 1$。

定义 F_j 与次约束 C 的差异程度：

$$d_2(F_j, C) = \frac{1}{\left[\sum\limits_{i=1}^{m}(w_{ji}\,|\,r_{ji} + c_i\,|)^2\right]^{1/2}}\left[\sum\limits_{i=1}^{m}(w_{ji}\,|\,r_{ji} - c_i\,|^2)\right]^{1/2}$$

若在评定过程中，再造银行各项指标中从属于劣向量的隶属度为 e^*，从属于优向量的隶属度为 e，从属于次约束 $C_i(i = w, 2 \cdots k)$ 的隶属度为 $e^{(k)}$，则满足

$$e^* + e + \sum\limits_{i=1}^{k} e^{(i)} = 1$$

（3）模型求解。定义 $D(F_j, B) = e^* \times d_2(F_j, B)$ 为再造银行的权优度；定义 $D(F_j, G) = e \times d_1(F_j, G)$ 为再造银行的权劣度；定义 $D(F_j, C_i) = e^{(k)} \times d_1(F_j, C_i)$ 为再造银行的权次度。

结论 1：在没有约束时将目标函数定义为权优度、权劣度的平方和最小，即

$$\min F(E) = \sum\limits_{i=1}^{n}\{D^2(F_j, G) + D^2(F_j, B)\} = \sum\limits_{i=1}^{n}\{[e \times d_1(F_j, G)]^2 + [e^* \times d_2(F_j, B)]^2\}$$

其中：满足 $e + e^* = 1$，为求 e 的最优解，可采取构建拉格朗日函数的方法（具体求解过程从略），可得出：$e = d_2^2/(d_1^2 + d_2^2)$。

结论 2：当次约束存在时，可进行必要的项目优化分析并确定其影响程度。设定目标函数为权优度、权劣度与权次度的平方和最小，为了使计算更为科学，在权次度平方和前加上 $1/k$ 权数，可得出

$$\min F(E) = \sum\limits_{i=1}^{n}\{D^2(F_j, G) + D^2(F_j, B)\} + 1/k\sum\limits_{i=1}^{k} D^2(F_j, C_i)$$
$$= \sum\limits_{i=1}^{n}\{[e \times d_1(F_j, G)]^2 + [e^* \times d_2(F_j, B)]^2\}$$
$$+ 1/k\sum\limits_{i=1}^{k}[e^{(k)} \times d_3(F_j, C_i)]^2$$

同样采取拉格朗日方法求其极值，可得出

$$e = d_2^2\left(\frac{1}{k}\sum\limits_{i=1}^{k}d_3^2\right)\bigg/\left[d_1^2 d_2^2 + d_1^2\left(\frac{1}{k}\sum\limits_{i=1}^{k}d_3^2\right) + d_2^2\left(\frac{1}{k}\sum\limits_{i=1}^{k}d_3^2\right)\right]$$

如果在所有指标中对某一指标 u_i 有特殊要求，具有一票否决权，无论其他指标多么符合要求，只要该指标存在问题，则再造工作就需要推后实施。此时，各指标隶属函数关于优向量的隶属度为

$$e = d_2^2 d_3^2 / (d_1^2 d_2^2 + d_1^2 d_3^2 + d_2^2 d_3^2)$$

从上述公式分析可知，当 d 较小时，其对隶属函数 e 的影响较大，并受其控制；反之则相反。当 d_3 为 0 时，e 也为 0，则一票否决，暂不具备再造条件。可见，该模型对再造条件的认定具有一定的科学性与合理性。

该模型的优点在于：一是显示了不同银行在再造前所面对的具体约束条件，不同银行所受的资源约束不同，其再造动因也不一样。二是强调了个别硬性指标对再造活动的决定性影响，例如上面模型中的 c_i。

银行再造成功的重要保证之一是正确选择再造的时与势。再造前景的不确定性，决定了概率分布法在选择再造时机问题中的使用。此外，由于某些再造标志无法量化，这就必须使用模糊评价法。最大隶属度决策的科学性，也为银行对自身状况进行正确审视提供了一个相对满意的思路。

第三节　本章小结

本章主要探讨了银行流程再造的实施要素、前提条件和逻辑框架。

首先，分析了银行流程再造的动力之源。（1）银行管理理念的不断创新是银行流程再造的基本保证，只有两者相互结合，才能实现银行经营范式的彻底转换，并产生持续的竞争优势。（2）不同的战略发展目标决定了银行不同的经营管理模式，进而形成独特的流程系统，流程是固化的战略；正确建立经营愿景、弄清业务流程对战略目标影响力的大小，发现和理解银行发展的瓶颈，利用先进的信息技术加以改造，是银行实施流程再造的首要任务。（3）信息技术是银行流程再造中关键性的资源和助推器，任何一家银行在实施流程再造的同时通常伴随着信息技术系统的升级换代。

其次，流程再造之前必须进行必要的可行性研究。（1）流程再造风险主要分为四类：人员风险、管理风险、商业风险和技术风险，银行要设立专门组织进行风险监控，建立风险管理信息系统；再造风险的规避，要以流程优化作为根本出发点，以组织结构扁平化作为基础，选择合适的流程再造实施方式，并以企业文化作为持久的推动力。（2）时机的成熟和条件的成熟共同构成了再造成功的基础条件。文中除了从定性的角度说明如何衡量再造的时与势，还分别介绍了流程再造时机和流程再造条件的决策模型。

　　上述内容主要是针对整个银行体系进行的普遍性探讨。在第二章理论研究的基础上，本章阐述了银行流程再造的基本要素和前提条件，具有普遍性意义。接下来将从特殊性角度分析我国农村信用社的流程再造具体如何实施。作为银行业的重要组成部分，农村信用社的流程再造与银行流程再造在理论和实践上大体是相通的，但又凸显其个体特性。

第四章　农村信用社流程再造的实施

与先进商业银行相比，农村信用社在各个方面还存在不小的差距，不仅表现在资本、效益、产品、技术等资源方面以及管理水平方面，更表现在组织体系和运行机制等流程性因素上。尽管近年来农村信用社在改革产权制度和完善公司治理方面取得了一定的成绩，但并没有从根本上解决其成本高、效率低、风险控制能力弱等问题。尽快实施系统、全面的流程再造刻不容缓。

第一节　相关制度背景及现状分析

一、经济转型中我国农村信用社的演进及现状

农村信用社作为中国银行业的重要组成部分，是为"三农"经济发展服务的地方金融机构，是农村金融的主力军和联系广大农民的金融纽带。建设社会主义新农村的发展战略和国家对农村政策的变化，农业产业化、农村城市化、金融信息化都推动了农村信用社经营哲学和生产方式的转变，在农村金融制度的变迁过程中，深化农村信用社改革一直在推陈出新。

2003 年以来的农村金融改革以深化农村信用社改革为重点。当年 8 月，农村信用社改革在浙江等 8 个省（市）率先启动，截至 2007 年末，我国农村信用社县域网点数达到 5.2 万个，占县域金融机构网点数的比重为 41.5%。我国农村信用社改革试点进展顺利，并取得了重要的阶段性成果，具体表现为以下几点：一是资产质量改善，盈利能力明显增强。我国农村信用社在 2004—2007 年四年间共实现盈利 1 005 亿元。二是支农投放不断增加，支农力度明显加大。2007 年末，我国农村信用社的贷款余额为 3.2 万亿元，同业占比为 12%，比改革之初提高 1.4 个百分点。三是开始建立和完善现代企业产权制度及公司法人治理机制，信用社的经营管理逐

步走上正轨,"三会"议事规则得到不断完善等。①

在现有的三种改制模式中,经营管理质量较好的农村信用社主要转制为农村商业银行。这类银行发展也相当迅速,2008年末达到24家,2010年末为84家。其中,重庆农村商业银行于2010年12月16日率先在香港上市;张家港、江阴、吴江、常熟等四家农村商业银行的IPO申请也于2011年1月获得批准。这类农村信用社的良性发展及顺利转制,其积极意义和发展模式值得借鉴。

表4-1 经济转型中的农村金融制度变迁历程

阶段划分	时间跨度	主要目的	主要内容
第一阶段	1979—1993年	恢复和成立新的金融机构,形成农村金融市场组织的多元化和竞争状态。	①1979年恢复中国农业银行;②农村信用合作社恢复了名义上的合作金融组织地位;③放开了对民间信用的管制,允许民间自由借贷;④允许多种融资方式(股票、债券、票据贴现)并存。
第二阶段	1993—1996年	明确改革目标,建立"三农"金融服务体系。	①1994年成立中国农业发展银行,剥离政策性金融业务;②加快了中国农业银行商业化的步伐;③继续强调农村信用社商业化改革,1995年大量组建农村信用合作银行。
第三阶段	1997—2002年	深化金融体制改革,重视对金融风险的控制。	①收缩国有专业银行战线,包括中国农业银行在内的国有商业银行开始收缩县及县以下机构;②打击各种非正规金融活动,对民间金融进行压制,包括在1998年对农村合作基金会进行清算。

① 中国人民银行农村金融服务研究小组. 中国农村金融服务报告 [R]. www.pbc.gov.cn. 2008-09-19.

续表

阶段 划分	时间 跨度	主要目的	主要内容
第四 阶段	2003 年至今	建立现代农村金融制度，主要是对农村信用合作社的改革和机构设置多元化。	①2003 年农村信用合作社八省（市）试点改革，2004 年全国展开；②2006 年末，银监会调整放宽农村地区银行业金融机构准入政策，新型农村金融机构试点工作随即有序展开；③2007 年党的十七届三中全会提出建立现代农村金融制度；④2007 年，中国邮政储蓄银行挂牌开业；⑤2009 年 1 月，中国农业银行整体改制为股份有限公司，2010 年在上海、香港成功上市，其统筹城乡的网点布局和服务功能建设进入实质操作阶段。

资料来源：杨小玲．经济转型中的农村金融制度变迁研究［J］．当代经济管理，2010（2）．

二、农村信用社流程再造的积极意义

虽然我国农村信用社的改革发展取得了阶段性的成果，但外部环境的变化和内部问题的存在，促使其仍然需要不断创新和变革。

（一）农村信用社流程再造顺应了生存和发展空间的变化

20 世纪 90 年代以来，农村信用社的市场环境发生了巨大变化，对现有的经营理念、组织结构、管理流程、企业文化等进行根本性的再思考尤显重要。

1. 客户需求发生新变化。农民从事规模生产、多种经营的积极性高涨，融资需求逐步向集中化、大额化、长期性转变；在城乡一体化进程中，农民与外界的经济联系日益频密，需要更为先进的结算工具，加快资金周转；农民出于获取信息、技术、咨询、补贴、医疗、保险等方面的服务需要，迫切希望信用社能发挥网点优势，提供全方位的金融服务；社区银行的定位拓宽了农村信用社的服务对象范围和业务发展空间，同时对农村信用社业务创新的需求不断提高。

2. 市场竞争更趋激烈。中国邮政储蓄银行的成立，中国农业发展银行商业化，其他商业银行重返农村市场，村镇银行、小额贷款公司及其他形式金融组织相继设立，这些都对农村信用社形成巨大的竞争压力，不断变化的经营环境使农村信用社越来越难以维持其在农村的传统垄断地位。

3. 农村信用社自身发展面临许多困难。主要表现为：资金来源不足、运用不畅；信贷粗放经营，不良贷款居高难下；管理力度不够，内控约束较弱；服务需求旺盛，但服务手段相对落后；人才资源短缺；信贷投放依然存在局限性；政策支持不够，承担社会责任过多。

（二）农村信用社经营机制的转换有赖于流程再造的推动

关于农村信用社经营机制转换的研究一般从内部治理角度入手，以明晰产权、完善"三会"制度为切入点，进行组织结构变革和激励约束机制创新。这种由内而外的治理模式，可以起到治本的作用。但是受农村信用社内外经营条件的限制，要使这种模式由"形似"达到"神似"需要很长一段过程。流程银行再造理论强调以客户价值为核心，细分客户市场，在流程再造的基础上，进行组织结构、管理模式的再造，属于站在客户立场上由外而内的治理模式。这更加贴近市场，在短期内对推动农村信用社经营机制转换可起到立竿见影的作用。

（三）农村信用社规范化管理迫切需要流程再造

长期以来，许多农村信用社的业务操作一直采取习惯性而非标准化的做法，在相当程度上抵消了新规制统一性和严密性的效能，其结果是农村信用社难以形成目标化管理和价值链管理。经营活动和业务操作缺乏有效监督与规范保障。农村信用社风险积聚、运营效率偏低的根本原因在于操作流程的诸多缺失。如果没有一个良好的流程管理体系，农村信用社要提高经营管理水平、实现可持续发展是不可能的。

此外，目前我国农村信用社的组织结构主要还是传统的科层制结构，业务单元自上而下的垂直运作和管理机制尚未形成。基层信用社依然是较为独立的经营单元，拥有较多的事权和财权，资源配置不当。前后台业务处理尚未有效分离，业务监控仍以事后监督为主。

三、农村信用社流程再造的战略规划

根据我国农村信用社的发展现状和经营特点，结合其战略发展目标，实施再造后的流程应符合以下几点思路：

1. 客户至上。不管一笔业务涉及多少机构、部门和层次，客户只需单

点面对信用社，内部分工严密，高度合作，整体对外。所有流程均以客户为中心，流程环节的效果由客户作出评价，而非上级。同时，可以尝试推行"首问负责制"，即不管是哪个人或哪个部门最初接触客户，都不能以任何理由拒绝客户或推诿塞责，而必须承担解答、办理、转交或引导的责任，可以说首问责任人就是信用社流程的开始环节。

2. 业务垂直化。各项业务不是在职能部门之间横向进行，而是以流程为中心纵向开展。一个流程由相关职能部门配合完成，减弱职能部门界限，合并多余及重叠环节，消除浪费，降低整个流程成本，提高效率，提升客户满意度和公司竞争力。各业务模块在其系统内部实行垂直管理，单独向上级管理层负责，统一核算利润，承担本单元损益。

3. 机构扁平化。应先确立信用社的业务流程和报告路线，理顺流程之间的关系，业务模块划分、人员配置和职能设定均根据流程的要求进行，减少不必要的环节，形成扁平化管理体系。我国农村信用社过去实施的是科层制管理模式，往往先设定部门和人事，再因人设置流程，从而造成机构臃肿、职能重叠、官僚主义等一系列问题。

4. 合规和风险管理至关重要。因为流程的划分和协调、边界的框定都非常程式化，有详细的作业规程和管理要求，所以不合理的自由发挥将受到约束。所以在银行流程再造过程中，合规管理异常重要。2006 年，在我国开始全面提倡流程银行建设时，监管部门便严格要求各银行在业务条线之外，单独设立合规法律部门，实行全面、全流程的合规管理。每一个条线都要制定统一且详细的规则，流程链条上的机构和人员都只能执行统一的规范和标准。同时，要把风险防范理念贯穿在每个业务操作和工作流程之中。在每一个流程甚至每一个环节中，都有相应的风险提示，有精准细致的管理要素，尤其是在特别重要的岗位、容易疏忽的地方、风险易发和多发环节，还要有明显的警示。

流程银行建设是农村信用社进一步深化内部体制改革的核心内容，是一项系统性工程，必须长远规划、循序推进。应该采取一套设计周全的涵盖整个银行范围的方法论，在流程设计、方案实施、体系构建和业务办理等方面迈出根本性的一大步，具体步骤如下：

1. 分析原有流程的功能和效率。要根据现行业务流程运作情况，绘制全面、细致的业务流程图，分析现行流程存在的问题：一是寻找组织结构不合理的环节和管理成本增加的原因，分析现有流程的功能、制约因素及存在的关键问题，分清问题的轻重缓急，找到流程再造的切入点。二是根据客户对产品和服务需求的变化情况，详细分析未来市场的发展趋势，对流程中的关键环节重新定位，对各环节的重要性重新排序。

2. 设计和评估新流程的改进方案。流程再造的起始点应是先定流程，后定机构设置和人员配置，因此，在流程再造中，流程的设计至关重要。需要按自然规律对流程进行简化和优化，下放权力，压缩管理层次，合理拓宽管理幅度。尽量将串行流程改为并行流程，将多项工作合而为一，充分简化科层组织结构。要从技术条件和风险程度、成本和效益等角度出发，优选再造方案。

3. 拟定同新流程相配套的整体重组方案。流程再造涉及农村信用社全面的业务、部门和分支机构以及信息技术、人力资源和绩效考核等，需要重新设计有利于改善相关流程和体系的可能性，在流程再造的基础上制定适应性组织结构和制度框架，并相应合理配置资源和人力。流程再造不可能一蹴而就，需要经过长期坚持不懈的努力才能逐步完成。

4. 实施再造与持续改善。全信用社上下必须统一思想，精心组织，全员发动，谨慎推进，持续改造；要防范风险，克服阻力，在组织内部形成共识。不能把再造当做一种"蜻蜓点水式"的尝试，要向员工明确指出再造是直接到位的事情，而非管理层面对短期收益波动或暂时困难时所采取的临时降低成本的措施。

事实上，"流程最重要"这一理念也适用于流程同 IT 技术的关系。流程再造的经验表明，流程再造必须先于 IT 技术开发。如果流程不变，信息技术充其量只能提高工作效率，整体绩效的显著提高只是一句空话。此外，如果为了适应流程再造后的运转机制，再重新改造相关技术，必将产生重大浪费。

第二节　农村信用社主体流程再造

农村信用社流程依据同客户接触的紧密程度和价值贡献的大小，可分为前台流程、中台流程和后台流程三部分。在流程再造的战略执行体系中，形式上是三部分流程分别再造，本质上是以价值链为核心的整体再造，其关键是效益和效率的最大化。由于银行基础系统和管理成本之间的相互依赖性，再造工作应当是全面、综合的，在整个银行范围内完成。根据哈默和钱皮的理论，银行再造的关键不是优化某个具体任务的效率（例如，对柜台复核和信用审核所需工时和动作建立标准），而是优化流程，输入资源，得出对的结果。关键是做正确的事情，而不是采用较低的成本和较好的办法做同样的事情。①

一、前台业务流程再造

前台业务可以按照客户类型分为零售业务、公司业务和机构业务等，其流程再造的指导思想是以客户为中心，提供单点接触和服务综合化，实现"一站式"或"一条龙"服务。客户将不再面对信用社营业机构的员工整体，而是直接面对某一个人和某一个特定服务渠道，改变了传统上以银行自身为本位，客户被动围绕着银行操作流程转的局面。这意味着，对不同业务系统的前台环节要尽可能进行横向压缩，提供全能化服务；对同一业务系统的前台环节要尽可能进行纵向压缩，以提高运作效率。

1. 网点功能由结算型转向服务型。过去，信用社柜台的各类型业务分布在不同的窗口，各做各的事，互相分离，造成生产和人力资源浪费，协调成本增加，工作效率低下，服务功能落后。现在这种现象已经基本上得到改善。同时，为减少客户的等待时间和排队现象，通常使用叫号机，实行轮候叫号服务；综合柜员制简化了业务手续和操作时间，通过实现部分流程的内部化，提高了整体服务水平，同时也增加了柜员与客户单点接触和业务营销的机会；综合性网点配备大堂经理并设立大客户室或财富中心，既能为高端客户提供 VIP 服务，又能充分发掘客户潜能，拓展银行各方面的业务。

2. 建立客户工作团队的市场营销方式。这是指由客户经理、产品经理、专案经理和风险经理等信用社员工组成各类工作团队，根据市场变化和客户需要，及时推出多元化、个性化的产品，为客户提供综合化服务。通常由客户经理负责业务营销，产品经理负责产品研发，专案经理负责经办具体事务，风险经理负责风险防控，团队成员各司其职，共同促进银行业务发展。同时，基于客户特征和价值的不同，可由不同层级的人员出面提供专业化的服务。如公司信贷业务，由信用社总部公司金融部或分支机

---

① 保罗·艾伦. 银行再造——生存与成功范例［M］. 北京：中国人民大学出版社，2006：46.

构客户经理全面负责管理；个人信贷业务，主要由分支机构负责。每个营销人员都会负责特定的客户群并挂钩相应的基层网点，覆盖一定的服务层级和服务领域，并就近办理相关业务。这样形成营销人员同网点及后台协调配合，单点接触客户，网络式、全方位服务客户的业务流程模式。这里涉及客户经理制的内容，本书将在第五章进行详细阐述。

3. 完善前台分销渠道。为了使客户能及时、便利地享受信用社的各项服务，同时降低人力成本和网点成本，应设立 24 小时服务的客户服务中心，逐步建立和完善自助银行、网上银行、电话银行、手机银行等虚拟金融服务工具，给各类客户提供"一站式"全方位的服务。根据实际条件，考虑将分支机构办成一个金融超市，客户无须为不同金融需求去不同机构、不同地点寻求帮助，在一个地方即可购买到各种金融产品和服务。现在功能最为齐全的金融超市，可能包括客户经理、窗口柜员、大堂经理、财富中心及其理财经理、自助银行、自助查询设备、自助交易设备、ATM、电话银行（客户服务中心）、网络银行、手机银行、短信通、金融服务中介等各种渠道和手段。所有这些都构成了丰富的客户与信用社的直接沟通层面和服务渠道。

4. 具体业务实行专案经理人制。面对多样化的客户需求，需要由专人代表信用社同客户进行单点接触，即实行专案经理人制。专案经理人可以是专家，也可能是普通员工。事实上，每一个客户经理、每一个柜员或大堂经理都是一个专业领域或岗位的专案经理人。这种专案经理人作为"有权"的客户服务代表，凡属其权限范围内的事情，他们可以自行作出决定。专案经理人制的实行从横向和纵向上都压缩了信用社的服务流程和业务环节，而且其中的大多数流程已经实现了内部化与集约化。因此，专案经理人实质上是首问负责制和业务专家化的有机结合。其具体流程和操作方式如图 4-1 所示。

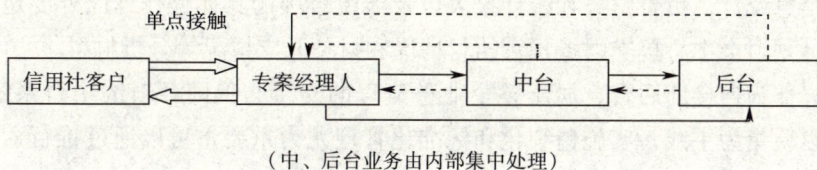

（中、后台业务由内部集中处理）

资料来源：由笔者根据银行实务情况整理。

图 4-1　专案经理人业务处理流程图

二、中台业务流程再造

中台业务系统介于前后台之间，包括资金运营、资产负债管理、风险管理、授信审批、计划财务等，其基本功能是为前台业务运行提供支持和保障。农村信用社中台系统的建立和运作必须坚持以下几个原则：一是必要的职能分离和专业化分工，横向与纵向相互监督制约；二是推行全流程、全方位的风险控制；三是运用六西格玛法实施全面质量管理和精细化管理；四是所有流程链条及各环节在不损害价值链的情况下要尽量简化和标准化，在风险可控的情况下多余的业务环节和管理过程都是资源的浪费，都不能促进反而会阻碍核心竞争力的形成。

对于上述原则的执行可从几个主要方面举例说明：

1. 授信业务的流程再造。风险管理主要负责：制定整体信贷政策并实施信贷调控和指引，设定相关风险标准，做好风险组合分析、审核及客观评估工作。按照风险管理、授信审批相分离、各司其职的原则，授信审批部主要对各分支机构权限外上报的授信业务进行审批或初审；对有异议的授信业务，由风险管理部门提出指导意见，共同协调处理；大额授信业务由授信评审委员会进行集体决策。风险防范在农村信用社的经营管理工作中始终是第一位的，其流程控制要做到全面化和标准化，具体概括为以下几点：风控有标准；部门有制约；操作有制度；岗位有职责；过程有监控；风险有监测；事后有考评。[①]

2. 为了体现专业分工和相互监督的原则，可将计划财务工作分给计划财会中心和财务审核中心两个部门负责，前者负责计划财务政策的制定和指导，进行计划、预算、开支和考核管理，负责资本管理和财务资源分配，实施会计核算和税务管理，负责利率、服务价格和流动性管理；而后者则负责日常费用的审核、开支和账务处理，实施固定资产核算管理及财务信息统计，负责财务和统计报表以及涉税事项的具体操作，此外要定期向计划财会中心提交财务预算执行情况和财务开支情况等分析材料。[②]

作为连接前后台、居于整个业务流程的支持与保障环节的中台系统，应以质量为主线，实施精细化和标准化管理尤为重要，可以通过推行六西

① 引自广州农村商业银行行长王继康在该行 2011 年全年工作会议上的讲话。
② 引自《广州农村商业银行各部门职责》（2010），并进行了归纳汇总。

格玛管理法来实现这一目标。西格玛（σ）表示数据与平均值的标准偏差，在管理学上用于测量一个指定的过程偏离完美有多远。6σ 意为 6 倍标准差，反映的是近乎"零缺陷"的管理精度，用 DPMO（Defects per Million Opportunities）表示每百万次机会出现的缺陷，3σ 可以达到 93.318% 的合格率，而 6σ 对应 3.4DPMO，即达到 99.99966% 的合格率①，两者的对比如图 4 – 2 所示。

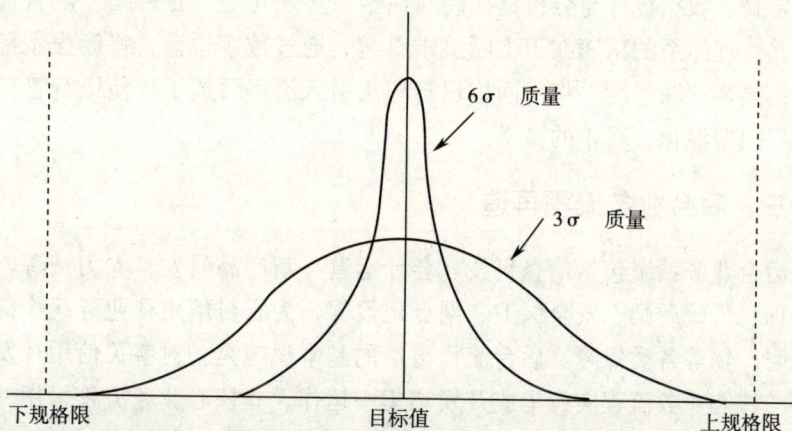

资料来源：郑镜雄. 六西格玛方法在降低产品成本中的应用研究［D］. 天津：天津大学硕士学位论文，2004.

图 4 – 2 6σ 质量与 3σ 质量（连续变量）的比较

六西格玛管理法以质量为主线，以客户需求为中心，利用对事实和数据的分析，改进和提升一个组织的业务流程能力，是一套灵活的、综合性的管理方法体系。它要求企业完全从外部客户角度，而不是从自己的角度来看待企业内部的各种流程，设立产品与服务的标准与规格，并以此来评估企业流程的有效性与合理性；它通过提高企业流程的绩效来提高产品服务的质量和企业的整体竞争力。

六西格玛管理最核心的内涵包括六个方面：一是真正关注客户；二是基于事实和数据驱动的管理方法；三是聚焦于流程改进；四是有预见的积极管理，即主动预防式管理；五是无边界的通力合作；六是追求完美，容

---

① DPMO 与 σ 的对应关系如下：$1\sigma = 690\ 000DPMO$；$2\sigma = 308\ 000DPMO$；$3\sigma = 66\ 800DPMO$；$4\sigma = 6\ 210DPMO$；$5\sigma = 230DPMO$；$6\sigma = 3.4DPMO$。

忍失误。六西格玛法是一个连续性的提高循环圈，它运用一套完整的方法论对企业的每一个流程环节、运作方式以至于企业文化进行改进与控制。

流程银行的实质在于降低部门之间相互推诿导致的效率损失，实现总体服务效率的最大化。六西格玛法要求对员工进行必要的培训，包括确定合适的度量准则、确定基线、制定合适的标准并监控执行工作，要求员工跟踪缺陷、记录结果，并组成团队来解决所发现的问题。六西格玛法通过流程定义、数据统计与分析、控制与纠错来实现几乎"零缺陷"的管理精度，其管理体系的精髓在于不断追求卓越，通过数字说话，将流程做得更好，提高客户满意度。将六西格玛管理法引入流程再造工程使银行管理变成了一门精细化、真正的科学。

三、后台业务流程再造

后台业务系统包括信息科技、会计运营、新产品研发、人力资源、教育培训、行政后勤、安全保卫、网点建设等，为农村信用社业务运作提供人、财、物等各类保障。后台流程再造的基本思想是：对事关信用社发展战略的核心业务流程实行集成开发和集中运作，非核心业务流程采用外包方式和在地域上外移。

目前，大多数农村信用社的后台业务处理分散在各分支机构，但后台运作系统应该是一个典型的资源集中型平台。因为后台业务处理的有效分离，网点柜员和客户坐席代表能把他们的大部分时间和专业技能用来与客户进行交流并交叉销售银行产品；同时在后台集中信用社的主要资源与支持能力，以降低运转成本和管理成本，保证对外提供统一品质的服务。因此，要成立真正意义上的总部业务处理中心，包括结算中心、作业中心、票据中心、监督中心、出纳和金库管理中心、分片管理的区域分中心、信用卡管理中心、放款中心、风险监控中心、国际业务中心、投资银行业务中心、采购中心等业务操作中心，利用工作流技术和电子影像技术，将基层信用社前台发起业务的后台处理包括授权、复核、审批、单证处理、会计督导、事后监督等工作集中到中心来办理，实现前台分别受理、中心后台综合处理的运营模式，确保基层机构网点能够集中精力专司服务和营销职责。后台大集中处理的另一个好处在于它汇总了信息系统数据，实现信息资源的共享、发掘、分析和功能化处理，同时有效克服了分散系统信息零乱和重复的弊端。值得注意的是，后台业务的大集中还必须借助信息技术实施远程业务支持和远程监控，这样更能够节省成本又提高处理效率。可以说，远程业务处理和风险控制是将来银行业务发展的一个重要趋势。

值得注意的是，流程集中（尤其是数据信息大集中）和流程外移是信用社后台流程再造的两项主要内容。

一是数据信息流程由分散处理到集中运作。其动因来自技术和管理两个方面。随着客户的信息需求日渐增加，分散的数据处理已经不能再支持业务发展。总部必须掌握各分支机构的经营状况，解决基层报表的失真问题；需要一个不受自身组织机构变化影响且能快速适应市场变化的技术支撑体系和数据网络体系，以便实现管理集中。同时，数据信息的集中化有利于信用社发现各类高端客户，并相应提供差别化的营销和优质服务。

二是后台运作系统从集聚到外移。面对竞争压力，农村信用社有必要寻求一切有可能降低成本的措施。例如，通过信息技术与网络的远程授权和控制，可以将部分办公机构迁离本部，降低人力和租金成本。因为后台运作系统实行大集中后，可以相对独立于其总部和各分支机构，因此在经过成本效益对比后，可以考虑将后台体系外移到其他地方运作。汇丰银行是后台系统从集聚到外移的成功案例。2001年，该行把客户资料的整理、更新和信用卡的后期处理迁移到广州，从而腾出人手，着重在香港地区开展与客户面对面的服务。另外，像中国建设银行、招商银行、兴业银行和深圳发展银行等，其信用卡中心都迁移到总部之外的上海市，这都是可资借鉴的例子。

此外，由于会计运营工作相当重要，涉及面广泛且繁杂，可考虑将其分为运营管理和运营作业两个专业平台来建立后台流程。前者主要负责会计运营业务的发展规划、制度的制定以及业务的组织、协调和指导，实施运营业务的考核、风险防控、会计督导、事后监督和集中对账，进行网点业务管理和柜员培训，负责会计凭证和出纳机具的事权管理等；而运营作业部门则主要负责构建营运会计处理大平台，进行内外清算、业务集中处理和账户管理，保障结算资金安全和汇路畅通，负责综合业务核心系统的业务参数、异常业务数据修改维护工作以及全辖单位账户集中管理、现金管理及全辖电子印鉴库建库工作；为全辖经营机构及业务部门提供营运服务。[①] 再比如，为了集中行政后勤资源，可将办公文秘、宣传、品牌建设、

---

① 引自《广州农村商业银行各部门职责》（2010），并进行了归纳汇总。

行政管理、招投标、安全保卫、网点建设、自有资产管理等方面的工作归并到一个部门中，其下再分成若干中心，既各司其职，又相互协调，优化流程，提高整体行政服务效率。

在具体业务操作中要注意效率与风险控制并重：必须将前台操作与批量操作相分离、简单管理与复杂管理相分离、内部处理与对外服务相分离，提高运作效率；要确立全过程风险管理的理念，提高风险识别、评估、处理能力，构建实时监控和风险预警系统，注重对高风险业务的事前预警、事中控制和事后处理，使每一个环节都处于相互制约、相互促进的有机联系之中，杜绝违规操作，保证安全运营，消除案件隐患。

第三节　农村信用社流程的战略性外包

银行流程再造的重点着眼于活动和流程对客户价值贡献的大小。任何一个对产品和服务没有贡献的流程、任何一项提高成本而对流程式输出没有贡献的活动都是多余的。银行业务流程再造必须从价值链分析入手，把一些非核心的、价值创造能力低的业务和流程外包出去。流程外包是商业银行通过市场手段对其业务流程进行战略性重组，是流程再造的外部化表现。[①] 外包使得流程由银行内部走向银行之间，并导致银行价值链在组织内外部的整合。

一、银行流程外包的发展趋势

20 世纪 90 年代以来，西方发达国家银行流程外包业务呈现出迅速发展的势头，主要体现为以下两个方面的特点：

1. 外包范围拓宽，影响不断扩大。业务外包差不多涵盖银行经营的各个领域，其中最重要的是信息技术和网络系统，如数据库、日常业务处理系统、信贷风险监控系统、客户信息系统、网络安全管理系统、安防远程监控系统等。此外，很多银行早就已经将一些行政后勤管理、非信贷资产管理和中介类业务等选择外包出去。一些以前被认为天经地义应当由银行自己负责的业务也尝试被外包出去，如客户营销、信用卡管理、内部审计、内部财务、贷款审查、风险监控、现金管理、抵押品检查等。这样，

---

① 桂泽发. 中国商业银行再造研究［D］. 福州：福建师范大学博士学位论文，2004.

银行就能将其战略重点和资源集中于金融产品创新、市场融资、客户关系管理、理财服务以及独树一帜的服务手段上面。

西方银行外包的常见形式有：一是银行文件服务外包。由专门的文件服务公司完成有关文件处理的一切工作。二是银行营销外包。银行只确定自己的目标市场，通过业务外包，营销工作由专业的销售公司来做，反而取得了更好的营销效果。三是银行应收账款外包。这是一个高成本、低收益、得不偿失的业务，其中涉及的法律问题和关系问题相当复杂，而将此类业务交由专业承包公司或律师事务所进行，银行就可集中精力开展其他核心业务。四是人力资源管理外包。这种外包业务，已经远远超出委托"猎头"公司招聘员工这个范畴，甚至将员工的职业培训、薪酬福利、年金管理等工作都外包出去。此外，常见的外包形式还有物流配送外包、研究开发外包、品牌宣传外包、市场调查外包、资产评估外包、审计外包、风险管理外包、现金管理外包等。

2. 从战术外包发展到战略外包。国外银行早期的外包活动一般是短暂的、被动的，根据经营过程中的临时性需要而设定，不需要时则放弃外包策略。这种外包模式属于一种单纯的战术性安排，难以解决银行发展中长期性和根本性的问题。事实上，银行外包是参与各方根据优势互补的原则而结成的一个战略联盟，并非一项临时策略或一次简单的交易。因此，进入新金融时代以后，信息技术和市场竞争因素的变化，客观上直接导致了银行业务外包由战术性安排转变为战略性安排。战略性外包具有全局性、整体性和主动性的特点，它成为银行有效降低成本、引进和利用外部资源、提高核心竞争力的有效手段。战略外包成为银行经营管理的一个重要组成部分，对银行的业务发展影响深远。

我国银行业开展外包业务起步时间不长，虽然形成了一定的规模，但还不成熟。中国银监会研究报告显示，2011年末，我国银行业金融机构总资产达119万亿元人民币，其规模和深度远大于其他新兴国家和地区。我国金融外包市场正在以超过20%的速度增长。

我国银行常见的外包模式分为三种：第一种是一一对应型。该模式下服务商为银行提供一对一服务，或者银行为分散风险将一个业务流程拆分开来外包给不同的服务商，简单易行、沟通方便且节约成本。第二种是强强联合型。两家拥有核心技术、实力强大、能够独立决策的银行形成战略性协作联盟，通过密切合作为银行创造最大的竞争力。合作中，任何一方不得干涉另一方在联盟以外的其他活动。这样，银行在将业务外包过程中自己也成为外包服务的提供商，将业务资源优势与合作者共享。第三种是中心依附型。以一家拥有核心技术的银行或组织为中心，其他银行相围绕，共享资源。采取一对多的标准化服务，按照服务使用量的多少来付费，执行相对弹性的价格，成本结构由固定变为可变。参与银行只需按量付费，而不需要为所需要的服务承担庞大的固定成本，既节省资源，集中提高了服务竞争力，又适应了市场变化，把握了竞争先机。

我国银行业外包还存在几个方面的缺陷：一是观念缺陷，总认为多元化扩张就能把银行做大做强，没有形成核心竞争力。二是市场缺陷，业务外包市场还不够成熟，尤其缺乏优质的服务商。三是体制缺陷，很多银行贪大求全，对于经营过程中能否产生持续的现金流和竞争优势则根本不予考虑。因此，面对国际金融形势的严峻变化，要想保证我国银行业的可持续发展，拿起外包武器实施科学合理的业务和流程外包，已成为无法回避的现实。

二、我国农村信用社流程外包战略

由于目前我国大多数农村信用社经营和管理还处于低级阶段，其外包业务还属起步状态，可以大胆设想，但要小心求证，谨慎推行，逐步完善。对于规模不大、发展不太成熟、管理能力稍弱的信用社，应以流程内部化为主，外包适可而止，避免经营失控。对于规模较大、发展较为成熟、资源和能力较强的信用社，则可以更多地考虑流程外部化，适合外包的业务应尽量外包出去为宜。可以说，根据实际经营情况，合理选择最应该和最适合外包的业务和流程并予以实施，才是最为成功的外包策略。

大体上，我国农村信用社可以考虑将以下业务有选择性地外包出去：信息技术、行政后勤、安全保卫、部分人事工作和营销业务、应收账款清收等。

（一）信息技术外包

没有哪一家银行是以信息技术作为核心业务的，所以从长远来看，信息技术都将外包出去。大胆设想，技术条件和时机成熟的时候，全国的银行由 1～2 家信息技术服务商提供外包服务就可以解决基本需求了。信息技术外包大体包括技术开发、维护和培训，信息系统和通信网络管理，硬件维护，备份和灾难恢复等。其好处在于：一是降低运营风险，保证 IT 服务水平。二是提高管理水平，降低实施 IT 系统的难度。三是降低运行成本，规范 IT 系统的服务。

结合我国农村信用社信息技术的运行现状，信息技术外包业可能潜在以下主要风险：一是可能丧失战略柔性。战略柔性指战略能经济而快速地响应环境变化的能力。二是存在项目可行性不确定的风险。三是可能削弱信用社的学习和创新能力，阻碍新技术和业务的有效结合。

针对信息技术外包的风险，应采取以下主要防范措施：（1）决策前风险防范。要从战略高度进行合理规划，集中有限资源，开展前瞻性技术研究，塑造企业的核心能力，探寻企业未来的长远生存机会。（2）决策时风险防范。主要是要本着谨慎原则，认真选好技术外包的合作商，达到双赢的效果。（3）决策后风险防范。信息技术外包的主要风险是市场需求的变化和信息技术发展的不确定性。因此，外包时要充分考虑环境变化因素。同时，信用社要加强组织学习，掌握研发工作的主动性和自主性，避免沦为 IT 傀儡。

现阶段我国农村信用社在体制上采取的管理模式是以信用联社作为独立法人，下设多个分支机构或基层网点，上面则由省级信用联合社实施行业管理。因此，各独立法人信用社可选择将信息技术直接外包给省级联社，由省级联社建立全省统一的信息技术中心提供 IT 服务。这样，一方面达到了流程外包的效果；另一方面，因为省级联社本身熟悉银行经营管理，所以能更好地将主营业务与信息技术运用有效地结合起来，促进业务发展。

（二）行政后勤和安全保卫外包

与行政后勤有关的外包项目包括车辆使用和管理、自有物业管理、员工食堂、网点装修和维护、品牌形象设计、物流配送和业务宣传等。安全保卫外包项目包括经警和网点保安、金库管理和现金押运、重要凭证传递等。这些业务外包在实施过程中要注意这样一些问题：一是要通过招标的方式选择优质供应商；二是必须形成规模效应以降低成本，如果外包成本过高，则不如选择流程内部化；三是实施精细化管理和标准化定制，行政后勤和安全保卫业务由于其特殊性和规模化效应，非常适合标准化、集约化的外包模式。

（三）人事工作外包

人事外包的范围受到人力资源管理活动特殊性的限制。Alan Speaker

将人力资源管理活动依照可交易性、关联性分为四大类，其中只有可交易性的那一部分适合外包，这部分人力资源管理活动属于事务性活动和传统活动，即作业性活动，具体包括考勤、人事档案管理、绩效考评、薪酬福利等项目，通常占了全部人力资源管理活动的 65% ~76%。建立在此基础上的是战略价值高、关联性强的管理活动，这些活动一般仍需保留在企业内部。战略性人力资源管理主要涉及政策执行、员工职业规划、组织发展等前瞻性的活动。

由于历史原因，农村信用社的人员素质普遍偏低，人力资源管理水平不高。信用社要充分挖掘内外部资源，外树形象，内强素质。但解决人力资源问题非一朝一夕能毕其功，因此应考虑通过合理的人力资源外包，尽量减轻人事工作负荷，避免被大量低价值的事务性工作缠身。农村信用社的人力资源经理人应转变旧的思想观念，专注于战略管理活动，逐步发展成为管理职能专家、学习型组织的推动者和变革的倡导者。此外，在人力资源使用方面，有几种类型的人员可以采取外部租赁的外包形式：一是对素质要求不高的纯粹前台柜员、电话银行客服人员、某些业务的低端推销员、行政后勤人员等；二是一些成本高昂但又不经常需要的专家型人才；三是一些临时性、辅助性工作需要的人员。这样既能确保业务的发展，又有效降低了人力成本。

（四）应收账款清收外包

应收账款清收主要是不良资产的清收，具有相当强的专业性。由于各种原因，农村信用社在这方面遗留的问题相当多，情况非常复杂。如果完全由自己去做，需要花费大量的人力和物力，得不偿失。可采取两种方式另行处理：一是打包卖断，一次性回收现金，但通常打折较多，损失较大；二是外包给专业人士进行清收，这种方式有可能回收全部资产，只需要按清收额的一定比例支付佣金。后者情形下，一般是外包给专业的清收公司或者律师事务所，往往成本较低，而效率较高。具体操作中应充分运用市场机制，采用竞价或竞标形式外包不良资产，要利用市场机制实现收益和损失在信用社与外包合作商之间的合理分配，以充分调动不良资产处置外包的积极性。

随着农村信用社业务的不断发展，一些非核心的营销业务也可以尝试外包出去，如信用卡推销，个人按揭业务营销，营业网点的大堂经理职能，一些业务环节中的核保、见证和后期处理，全方位的银保合作、银证合作及银信合作等。

第四节　农村信用社流程再造中的客户关系管理

再造通常被看做企业快速转型的有效方法（Davenport，1993）。然而，要成功地跨越组织的职能单位、业务单位和银行的边界并非易事。要围绕业务流程和银行核心竞争力改变企业组织文化，重新设计银行组织结构，实行虚拟经营，并通过作业成本管理和客户关系管理等手段来实现银行经营范式的转换。[①]

当前，我国银行业已经进入"以市场为导向，以客户为中心"的变革时代，客户关系管理战略日益受到重视。农村信用社作为农村金融领域的主力军，为了更好地服务"三农"和社会主义新农村建设，有必要转变经营理念，积极推行新型的客户关系管理。客户关系管理模式的创新和再造是农村信用社流程再造工程不可分割的一部分。

一、农村信用社客户关系的演变

作为我国农村经济建设和金融发展的主力军，农村信用社的发展历程大致如下：（1）20世纪50年代，我国农村信用社以农民互助合作的形式成立，但经营规模较小，管理水平偏低，属于真正意义上的信用合作体制。（2）20世纪六七十年代，农村信用社逐渐变成了地方基层政府的一个部门，群众合作的色彩大为冲淡，实际上成为了农村集体金融组织。（3）从1978年到1983年，农村信用社成为农业银行附属的基层机构，变成了国有企业。（4）从1983年到1996年，农村信用社进入初步改革和发展阶段。国家希望按合作制原则整顿、规范农村信用社，但改革收效甚微，基本上流于形式。（5）1996年至今，是农村信用社深化改革阶段。1996年底农村信用社脱离农业银行领导，实行自主经营；2003年，国家将农村信用社定位为"产权明晰、管理科学、约束机制强，财务上可持续发展，坚持商业性原则，主要为'三农'服务"的金融机构。

综上所述，1996年以前的农村信用社还不是真正意义上独立的银行金融机构。其客户最早是入股社员，采取互助合作形式，不以营利为目的；之后，作为农业银行的下属机构，信用社主要是为"三农"服务，客户也

---

① 聂叶. 银行再造：理论与实践［D］. 上海：复旦大学博士学位论文，2003.

主要是农户和农村经济组织甚至政府机构；1996 年以后，随着农村信用社实行商业化改革、农村经济逐步发展以及农村城市化进程不断推进，农村信用社提供的金融产品越来越丰富，服务对象越来越广泛，市场份额也越来越扩大，部分发达地区的农村信用社已经可以同当地的商业银行一争高低。信用社的客户除了传统的农户、农村经济组织、农业企业外，已发展到城乡居民、各类大中小型企业和事业单位，甚至包括国外企业。业务品种也由过去简单的存款、贷款和普通结算业务发展到包括各类中间业务、财富业务、手机银行、短信通、网上银行、自助银行、银行卡、国际业务、投资银行业务、金融市场业务、银保业务、银证业务、银信业务等。客户需求也在不断变化之中，过去信用社只需要在柜台提供简单的存现金、取现金和结算业务就行了，现在不仅要为客户提供前述各项标准化的服务和产品，还要为客户量身定做各式特色产品和增值业务，同时要确保优质、周到和高效。

过去农村信用社的经营是以自我为中心，业务模式、组织架构和流程设计也主要是从自身的角度出发，一般很少考虑到客户感受和客户利益，因此客户关系的维护也就无足轻重；而现在市场环境的变化要求信用社的经营以客户为中心，注重客户关系的管理，由过去的粗放式经营转为精细化管理，由外延式发展转型为内涵式可持续发展；按照商业化和市场化的原则，把握好产权制度、法人治理和管理体制三个关键环节，因地制宜地把农村信用社办成产权明晰、管理先进、服务优良、提供综合性金融服务的银行类金融机构。

因此，农村信用社的客户关系管理大致经历了如下演变过程：最早阶段为社员互助形式，不对互助组织之外开展业务，可以说还没有真正意义上的外部客户；其后是需求较为简单的传统"三农"客户，信用社的产品和服务都较为单一。在这两个阶段，只要守住摊子就行了，客户关系管理并不重要。随后，客户数量和结构逐步变化，且不限于农村和农业，但因为市场竞争小，经营理念落后，所以主要还是实行以信用社自我为中心的客户管理模式。到当前发展阶段，大多数农村信用社的客户基本与各商业银行相同，竞争日益加剧，客观上要求农村信用社逐步进入"以客户为中心"的标准化、流程化、简约化并且以价值链为基础和核心的新型客户关系管理时代。

二、客户关系管理策略

传统上，银行与客户的关系被割裂在各业务模块之间。银行对客户关系的管理也大多依赖银行销售人员个人的魅力或者有限的人脉、地缘关系。银行流程再造的目标就是以客户为中心，重新设计"一站式"的全方位服务流程，银行变以前的多头对外为统一对外，使其能在一个地方为客户提供全面服务，而不需要客户为了一笔业务在不同的部门和地域之间穿梭，从而减少客户"磨鞋底"的成本。单点接触的前台业务系统再造、整合性的分销系统再造实际上已经在一定程度上对原有的割裂关系实施了整合，进一步的工作则是以客户关系为龙头，高屋建瓴，把原本散落在银行各处的信息进行归并和汇集，形成一个集成的客户信息系统。在此基础上，通过统计分析，预测客户的金融消费行为，将银行与客户之间可能发展、形成的关系主动加以管理，这就是所谓的客户关系管理。① 因为整个银行的流程系统都与客户有着直接或间接的关系，主动、统筹地对客户关系进行管理，也就意味着对银行的流程系统尤其是信息整理流程、营销决策流程等谋求进一步的整体优化和提升。

（一）信息资源的重新规划

过去，信息技术在银行中的核心运用主要是提供作业或交易处理，其功能设计往往以交易账户为中心，而忽略了客户数据的收集与整理。即使后来因为管理需要而有了决策支援系统，较容易获得信息资源，但因为这些信息分别存放在不同业务系统的数据库中，拥有不同的资料格式和数据定义，当银行想知道某一类客户的完全信息时，发现资料往往是残缺不全，无从下手。显然，这种以交易账户为中心的信息系统根本无法胜任"客户金融行为"信息的汇集与分析。"实际上，许多金融机构现在拥有的数据并不适合进行营销。以前的银行系统都是以账户为核心或以产品为核心的。这些数据残缺不全，我们无法全面地了解顾客。仅仅确认与一个顾客有关的全部交易过程就需要涉及 40～50 个不同的面向产品的系统，一想到这儿就会让人畏缩。"② 因此，大多数银行事实上很不了解客户这个"上

---

① 田晓军. 银行再造［M］. 上海：上海财经大学出版社，2002.

② ［美］弗雷德里克·纽厄尔. 网络时代的顾客关系管理［M］. 北京：华夏出版社，2001：155.

帝"。要实现有效的客户关系管理，就必须着手对银行的信息资源重新规划。有别于目前银行信息资源"多以产品为中心"、"分散而缺乏交流"和"停留于简单处理"的情形，这种信息资源的重新规划应以客户化、集成化和再加工为主要特点。具体表现为：

1. 顾客导向。传统上以账户信息和交易信息为基础的银行信息管理模式已经无法适应当前以客户为中心的经营理念。账户信息作为银行会计明细核算的基础，反映银行内部和外部账户资金变化的信息；交易信息主要是逐步记录每个账户下的客户与银行所做的每笔交易。以客户为中心的信息集中则要实现三层结构：顶层结构是客户信息、中间结构是账户信息、底层结构是交易信息。这样，就可以整合成内部一致、能有效共享的客户信息资源，只要输入客户姓名，就能直接获取与之相关联的账户信息和交易信息，从而了解客户对银行的价值和利润贡献度，因而采取有针对性的市场营销策略。以客户为中心的信息资源重新规划更具有战略性，它将各类信息视做银行最宝贵的一种资源，将有效的信息处理方法视为银行存活和兴旺的关键要素。在全面信息分析和加工的基础上，重新确定合理化的工作流程，对客户实施最佳服务。战略信息系统与传统的管理信息系统相比，两者的区别如表4-2所示。

表4-2　　　　　　　　　　银行新旧管理信息系统的对比

管理信息系统	战略信息系统
• 专注于内部：交易处理	• 专注于外部：客户、竞争者和战略合作者
• 降低成本	• 提升价值
• 效率优先	• 效能优先
• 重视"T"——技术	• 重视"I"——信息

资料来源：田晓军. 银行再造［M］. 上海：上海财经大学出版社，2002.

2. 高度集成。这种高度集成性通常表现为以下特点：一是信息本身必须具备规范化和标准化特征；二是信息的收集应该体现及时性、准确性和完整性；三是信息是有用的和来自业务整体各个方面的；四是信息的处理必须按照既定程序执行；五是信息管理应由专人负责，并承担相应的管理责任；六是信息必须涵盖所有时段，并对未来的发展具有预见性；七是信息来源具有同一性，信息数据库具有共享性；八是严格按照授权使用信息并具有相应的保密措施，防止信息的滥用和泄密。这种高度集成性可用图

4－3表示。

图 4-3 银行对客户信息的集成

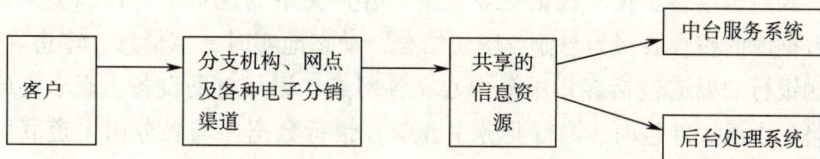

资料来源：根据有关资料及银行实务由笔者整理。

图 4-3 银行对客户信息的集成

3. 信息提炼。信息资源重新规划的目的在于建立一个获取客户知识的有效平台。数据库将各个渠道得来的数据整理成全面、系统的客户信息，并通过数据挖掘和分析来发现潜藏在数据背后的真实情况，以揭示客户特征、价值、盈利能力以及产品和市场的现状、未来发展趋势，从而充当决策支援者的角色。数据库应该是动态的、整合的数据管理和查询系统。所谓动态是指数据库能够实时提供客户的基本资料和历史交易行为等信息，并能够在客户每次交易完成后自动补充新的信息。所谓整合性，是指数据库与银行其他资源的整合，如一线服务人员的终端根据职能、权限的不同，可实施信息查询和功能更新，再如数据库与银行其他媒体（邮件、电话、互联网）的交互使用等。银行运用数据库可以在为客户提供产品和服务的时候充分了解其需求和特点，为他们提供更具有针对性的个性化服务。

（二）客户关系维系平台与数据库的整合

客户关系维系平台通过将获取的有用知识进行整理、分析，确定如何具体实施客户关系的管理，其基本功能是让银行和客户能持续接触和沟通，借助合适的产品和服务以保证两者利益的最大化。客户关系维系平台与数据库两个平台有效整合的结果是客户的信息和数据被妥善地分送与提用，成为大家共享和通用的知识，并通过它来提高银行的客户维护能力和价值创造能力。这种将复杂的信息处理运用到业务中去的整合过程便是对次级系统流程的再造。

在批发银行业务中，最佳状态的信息资源平台整合表现为：客户经理只需搜索客户姓名，则所需的客户信息资料和问题解决方案已经基本具备；高级主管也不需要通过客户经理，而能够直接得到客户各方面的信息。因此，当信息和知识可以在组织内部快速传递时，银行的经营效率便会得到显著改善。在零售银行业务中，客户关系的维系平台日趋多元化，与数据库的整合表现为与业务密切结合，动态地实时共享信息。零售客户接触银行的渠道包括客户服务中心、各网点、银行自助设备、刷卡终端、网络、手机、外包商、银行业务中介等；银行数据库与各分销渠道联网，各端点都可以将客户的动态记录汇总到中央系统来整合与更新；中央系统也可以为每一个端点提供最快、最新、最多的信息，并确保每个端点都有相同的信息可以分享。

在客户关系维系平台中，客户服务中心（call center）至关重要。流程再造中，越来越多的银行将大部分查询、答疑等服务功能从专业部门中独立出来，成为银行与客户之间的一个友好界面。一旦需要咨询或有疑问，客户在任何地点、任何时间都可以与客户服务中心取得联系，通过客户服务中心查询各项汇款、追踪多笔交易、咨询每项产品、提出任何质疑和投诉等……显然，资料必须能够联网查询，确定客户身份后，就可以在最短时间内为客户提供解决问题的方法。因此，流程再造非常重视客户服务中心与数据库的整合，即电脑电话整合（CTI）。当某个客户来电时，CTI 系统可以马上从数据库中调取该客户的资料，帮助银行客服人员及时提供良好的服务。此外，客服人员可以利用数据库中的客户名单直接拨打电话给某个客户。通过与数据库的整合，客户服务中心的人员能够对客户的问题迅速给予回应，提高互动性，增加关联销售和后续销售的机会。

（三）基于客户关系管理系统的营销变革

随着客户关系管理重要性的日益显现，一种全新的营销观念开始进入银行经营管理中。具体内容包括关系营销、数据库营销和微区隔营销。

1. 关系营销（relationship marketing）。传统的交易营销模式不是致力于维护长期的客户关系，往往只关心一次性交易或吸引新客户；在关系营销模式下，银行的关注点已经超越了一次性交易的范围，强调客户重复购买以及对客户的高度承诺，因此更加注重对现有客户的维系，而吸引新客户则退居于次要地位。银行通过不断交流和沟通来记录客户行为，以提高客户对银行的依赖性和忠诚度。美国银行的经验表明：通常情况下，一家银行从它的老客户身上获得的投资回报率往往是从新客户身上获得的四倍之多。客户关系管理成功的典范——美国田纳西第一银行就因为其创纪录的客户保持率（它保持住 97% 的高价值客户和 95% 的高盈利潜力客户），而被《财富》杂志于 1999 年评为最近 5 年内最有盈利能力的区域性银行（股东权益的平均回报率高达 36%）。①

2. 数据库营销（database marketing）。客户关系管理是一种高效性和高效率的数据库营销，即针对恰当的客户、渠道和时机，提供恰当的服务。数据库的主要功能是对客户进行盈利能力和价值分析，在此基础上，银行针对有价值的客户设计销售策略及活动，以达到银行和客户价值链的最优化；同时，减少对亏损客户的支出，以减少不必要的成本。不难看出，这其实是在银行流程再造理念下新型成本管理思想的集中体现。

3. 微区隔营销（micro – segment marketing）。罗伊德·达林顿认为每一位客户都希望被当做单独的市场一分子对待。银行只有充分意识到客户存在被尊重和被重视的强烈需求，才能真正理解"以客户为中心"理念的核心含义。银行通过收集关于客户金融活动的准确和直接相关的信息，并实施进一步的分析和深加工，才能找到有效吸引客户的途径并为其提供特色化和令其满意的金融服务，这就是微区隔营销。有别于传统的大区隔营销，微区隔营销尊崇的不再是市场占有率，而是客户占有率，即对客户终身价值和金融消费潜能的占有率。从这个角度来分析，可以说没有营销不到的客户，只有吸引不到客户的银行，其关键是做事的方法问题。

我国农村信用社的经营管理已经发展到一定的水平，其中大多数将实行向股份制商业银行的转型，因此对其客户关系管理理念和模式都提出了更高的要求。上述策略和方法值得农村信用社管理者借鉴和推广。

三、流程再造中的客户经理制

银行流程再造的目标就是以客户为中心，设计"一站式"的全方位服务流程，实现与客户的单点接触。客户经理制是指商业银行指定专人作为客户经理并建立一整套配套制度和流程，通过他们向客户全面营销银行的所有产品和服务，采集客户需求，为客户提供高质量、高效率、全方位的金融一体化服务，从而有效配置客户资源，增强银行自身竞争实力。客户经理制最重要的内容是银行客户经理和相关制度及流程。以客户为中心的同心圆式银行组织模式，不仅仅是形式上的变化，而且是经营理念以及工

---

① ［美］弗雷德里克·纽厄尔. 网络时代的顾客关系管理［M］. 北京：华夏出版社，2001：160.

作方法的根本转变。它真正树立了"一线为客户服务,二线为一线服务,全行上下为客户服务"的理念。

客户经理制要求银行全面整合与集中管理原本分散在各分支机构和专业部门的营销资源和业务能力,如市场信息资源、客户资源、客户经理资源、开发硬件资源等,站在全局高度进行营销资源的统筹规划和使用。客户经理制一般包含六种核心理念,即以客户价值为导向、实行营销一体化、对核心客户进行综合开发、提供个性化的产品和服务、金融服务创新至关重要、深化金融服务技能的广度和深度。

实行客户经理制,需要培养一批熟悉银行各项业务,具有良好人际沟通能力的客户经理。客户经理的任用原则不是专才而是通才,其工作目标就是组织银行内部资源,为客户提供综合服务,真正做到"一人跟进,全面服务"。

表4-3　　　　　　　　　银行经营导向不同模式的比较

	以业务为导向	以客户为导向
特点	1. 客户必须面对多个业务部门,分别办理各项业务,因而必须付出较高的交易成本。 2. 每种业务自定价格和服务内容。 3. 战略决策和资源配置分散,核心是各业务领域,而不是客户潜力和综合的市场竞争力。 4. 以单笔交易为基础进行决策,银行与客户的关系往往缺乏连续性。 5. 较为重视单项产品技术,但与客户沟通较少或较片面。 6. 各部门独立核算,协调性较差,缺乏合作精神。	1. 固定的客户联系界面,通过以客户经理为中心的客户服务小组(专业化业务支持系统)向客户提供一揽子服务方案。 2. 各部门相互协调,以综合效益和市场竞争力为目标进行产品定价。 3. 战略决策和资源配置集中,核心是发掘有发展前途的市场和客户关系的整体价值。 4. 以重点及目标客户为基础进行决策,旨在建立长期的战略层次上的银行合作关系。 5. 由于更关心客户需求,因此同样重视产品技术的研究与开发,并且目的性更强。 6. 各部门以客户服务部门为中心,以客户需求的综合满意度为目标,容易形成较强的团队精神。
结果	1. 作出非最优决策,例如拒绝好客户的交易要求,客户基础(市场份额)的稳定性较差。 2. 资源浪费、重复劳动、多头授信等现象严重。 3. 各部门独立进行风险监控,客户和银行的信息成本都高。 4. 业务发展缺乏统一协调和系统规划,难以形成整体竞争力。 5. 产品和竞争战略易被仿效取代,并且极易导致恶性循环的价格大战。	1. 决策更为明智,更易获得宝贵的客户忠诚和稳固的客户基础(市场份额)。 2. 时间和成本上的规模经济效益,导致银企双赢的良性发展。 3. 多角度、全过程的风险控制,信息等资源的共享程度高。 4. 业务发展具有较强的系统协调能力,能够形成整体竞争力。 5. 产品和竞争战略不易被仿效取代,目标市场较为稳定,有较强的局部垄断。

资料来源:田晓军. 银行再造 [M]. 上海:上海财经大学出版社,2002.

　　现在，我国农村信用社的业务营销大多数还是采取信贷员而非客户经理营销的方式。其缺点主要在于以下几个方面：一是大多数信贷员营销意识不够，等客上门现象比较严重；二是业务水平低，技能单一，产品不多，难以适应客户日益提升的金融服务需求；三是指标考核和绩效考核不科学、不到位，信贷员拓展业务的积极性不足，仍然存在"吃大锅饭"的现象；四是信息技术水平不高，数据库不完善，流程不合理，无法为客户提供优质、高效的服务，市场竞争力弱；五是授信业务权限较低，大部分权限被上收到省级联社，严重影响了基层信用社信贷业务的发展。因此，农村信用社大力实施业务流程再造，积极推行客户经理制，是一项迫在眉睫的工作。

　　当然，市场营销不可能单靠客户经理来完成，也不能仅仅销售单一产品或提供单一服务，必须提倡主动营销、全员营销、捆绑营销和交叉营销。不管终端销售是通过专家队伍还是通过普通员工来完成的，营销人员（或柜员）都要进行积极有效的交叉营销，产品和服务包括投资产品、信贷业务、理财业务、结算和交易产品。如果每个员工能够把自己当做银行面向市场和客户的一个触点，积极主动做好营销和服务，那么所有人都将成为银行流程的一个有效起点，流程再造的成功就有了坚实的基础。

第五节　适应流程再造战略的组织结构再造

　　哈默认为，既要进行流程再造，还要将以职能为核心的企业运营模式转变为以流程为核心的新型运营模式，这必然引发银行管理理念和组织结构的变革。企业组织结构调整必须坚持"分级授权、分工合作、职能明确、职责对等、指挥统一"的原则，从而达到企业"上下目标一致、整体效率提高"的目的。德鲁克认为，企业必须为特定的战略选择一个适当的结构。由于不存在一个在任何情况下都是最优的组织，经理们必须专注于战略目标和组织结构之间的适当匹配，而不是寻找一个所谓"最优的"结构。

一、农村信用社现行组织结构分析

　　传统银行组织结构的普遍特征是"三多"，即层次多、部门多、环节多，一般采取的是以信用社自我为中心的职能型组织结构。为了充分说明农村信用社职能型组织结构的特征，此处以相对较为复杂的计划单列市或地级市的农村信用联社为例，如图4-4所示（根据现状归纳出的一般组织结构模式）。

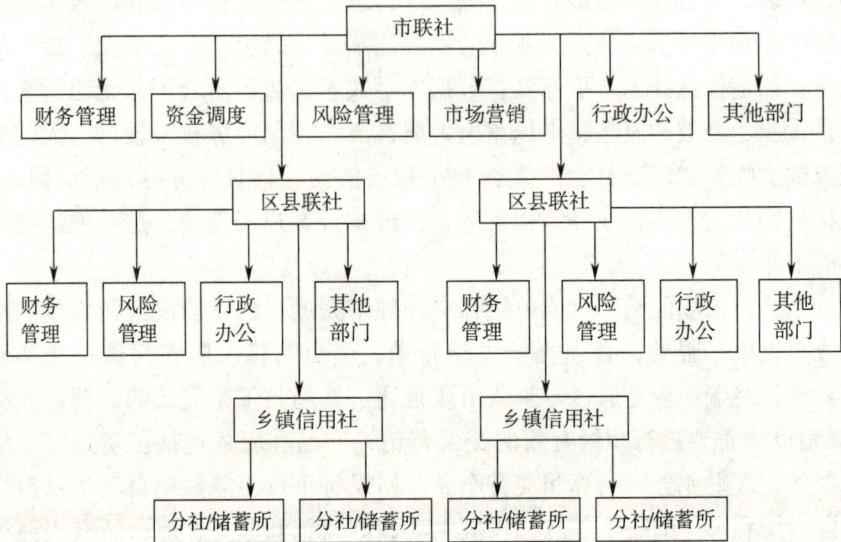

资料来源：笔者根据我国农村信用社的现状归纳整理的一般组织结构模式。

图4-4　农村信用社职能型组织结构

这里分为两种情况：一是市联社、区县联社和乡镇信用社均为独立法人，即三级法人模式；二是只有市联社为统一法人，区县联社和乡镇信用社均为其下属分支机构。相对于前者来说，后者已经在改革方面向前推进了一步。两种模式下市联社和区县联社都内设有较为复杂、相对独立的部门，整体表现为纵向科层化和横向部门化；同时，信用社各级组织和内设部门分别与相应的行政级别相适应，具有强烈的行政化倾向。另外一种情况实际上更加普遍，即上面没有市联社层级，县联社为独立法人，独立经营，自负盈亏，不过它还是要受到省联社或其派出机构（大多数地级市有省联社的一个派驻管理机构）名义上为行业管理但实质为行政及业务管理的制约，县联社的人事权、财权、行政事务权甚至授信审批权都被大幅上收，形成一种畸形、臃肿的经营管理模式。

职能型组织的优点表现为：分工明确，信息交换成本低，方便职能部门内部的知识共享，并且有利于员工发挥某一方面的特长。但该种组织模式在农村信用社的实施过程中也存在不少问题亟须解决，具体表现为：

（1）管理成本增加。由于行政化倾向明显，各级联社都建立了自己较完整的内部机构，而"准官僚"的部门具有自我扩张的内生机制，导致员工不断增加，人力成本和协调成本不断上升。

（2）决策效率降低。乡镇信用社作为市场的直接接触者，它们发起的业务机会大部分要通过各级联社及各职能部门层层审查、审批，最后才能反馈到客户，这样一上一下的往返，既导致信息失真，又延误了决策，容易失去客户，同时丧失了中小金融机构应有的经营灵活性。

（3）部门横向协调差。各职能部门由于高度的专业化分工和超稳定性，往往视野狭窄，只关心本部门目标，不关心企业的共同目标和整体利益。因此，容易产生部门主义和本位主义，摩擦和内耗严重，浪费企业资源。

（4）不利于高级管理人员的培养。工作部门化限制其负责人扩展自己的知识、技能和经验，而且养成注重部门工作与目标的思维方式和行为习惯，使得他们难以胜任管理整个企业的高层领导工作。

（5）业务流程被人为地按部门划分成不同阶段，难以为客户提供完整、高效的金融服务，对外适应性较差。

随着经营环境和客户需求的不断变化，在流程再造的过程中农村信用社必须按照"扁平化、柔性化、集约化、以客户为中心"的原则，适时调整和创新组织结构，以确保流程再造工程的深入推进。当然，这里有一个前提条件，即各省级联社回归其行业管理之实，让各地农村信用联社能够真正实行独立自主的市场化经营。这涉及复杂的政策问题，不在本书的论述范围。

二、基于流程和战略目标的组织结构选择

如前文所述，战略决定流程，流程决定组织结构。不同的组织发展战略要求不同的业务活动和工作流程，从而影响到管理岗位和部门的设计。组织战略的改变，必将引起组织结构的相应变化。

（一）银行组织结构再造的基本标准

在信息经济时代，科层组织暴露出越来越多的明显缺陷，其赖以生存的物质基础正在逐渐消失。最典型的是中层管理层膨胀，很多管理者只管三四个人，他们的大部分时间用于处理同事关系，防止危机发生，取悦各

种正式、非正式的老板,向业务线、地域和产品等施加各种压力,结果是一线员工的关注点更多地聚焦于内部而非客户,银行花费时间层层监控相同的数据和信息,这种结构自身也会产生费用。这就迫使科层式结构必然要通过创新来向扁平化结构转型。新型银行组织结构被赋予了许多新的理念,其设计的基本标准为:

(1)组织柔性化。在信息经济时代,面对瞬息万变的市场机会,以知识创新和不断学习为本质特征的组织必须有灵活的响应机制。在市场机制作用下,银行与客户、外部合作者通过共同的价值链,结成柔性化的动态联盟。

(2)决策分散化。要尽可能减少报告层级,使得决策点更接近客户和市场;同时,要有灵活的组织方式,需要时即可产生直接的、多点对多点的内部联系。

(3)组织边界模糊化。银行各职能部门之间的联系是具有渗透性的动态连接,各组织之间的联系是项目导向型而非传统的职能导向型。

(4)组织结构扁平化和信息资源集成化。强调在协同工作前提下的因时、因地制宜;打破各纵向和横向组织之间的信息壁垒,促使各职能组织间的信息资源由分散走向集中统一和共享。

(5)目标共同化。研究表明,共同目标的存在将会降低团队冲突的激烈程度,并获得内部成员的认可与合作。组织的共同目标是整个组织存在的灵魂,也是组织全体奋斗的方向和目标。

(二)农村信用社组织结构选择的基本思路

本书的研究对象是拟向股份制转型的农村信用社,根据这一战略定位,该类信用社在流程再造和组织结构的选择过程中必须重点考虑以下几个方面的问题:

(1)与业务流程再造相适应的是组织结构调整和总部职能的调整,推行扁平化改革。扁平化分为机构扁平化和功能扁平化。机构扁平化指减少单位系统的层级,也包括减少内设机构的层级;功能扁平化是指通过集中的方式,缩短业务流程和管理流程,把下级信用社的一些管理职能和事项上收到上级或总部,比如将会计运营、资金调节、信贷、财务、人力资源的审批权以及后台业务处理上收到总部集中管理和操作。后台运作的基本原则是集约化、规模化和专业化。机构扁平化需要功能扁平化配套,两者相辅相成。

（2）农村信用社属于中小型地方金融机构，其经营管理远不如全国性银行那样复杂，机构层级可以相应减少。应取消基层信用社的法人资格，实行地市联社统一法人制（区县社及乡镇社仅为分支机构）；没有上级市联社的县联社也实行统一法人制（乡镇社仅为分支机构）。基层信用社的内设部门可以合理撤并，只保留同经营有关的主要业务部门。因为农村信用社一般规模不大，流程链条较短，管理层级相对较少，所以适宜采取"大总部、小分支"的形式。法人联社范围内有关行政后勤和信息技术方面的工作，要根据实际情况尽量合并甚至外包出去，相应的职能部门可以撤并。

（3）为了减少管理层级，提高效率，降低管理成本，可考虑撤销乡镇一级的信用社，合理扩大管理幅度，由区县联社直接管理各网点，并且将人员尽量分流到业务一线和基层经营单位。取消原来按照行政区划设置机构的做法，改为按经济区域的需要设置机构，提升规模效应。

（4）拟向股份制转型的农村信用社一般经营情况良好，具备规模效应，自身的资源和能力都较强，员工素质较高，业务品种相对齐全，所服务的客户涉及很多行业和阶层，对金融服务的需求更加全面和复杂。因此，其相应的组织结构也比一般的信用社要更完善一些，可以考虑推行简化并经改良的事业部制模式，实施专业化的条线经营和管理。

（三）适应流程再造的农村信用社组织结构

客观来说，组织结构并不存在好坏之分，关键在于其是否能适应组织的发展战略和现有的业务流程。根据上述分析，当前农村信用社的组织结构采取"大总部、小分支"与简化的事业部制相结合是比较务实的。如图4-5所示（同样以地市级信用联社为例），这是一个比较复杂、功能相对齐全又区别于任何其他固有模式的信用社组织结构。对比前述的职能型组织，它已经有较大的改革和完善，主要体现在以下几个方面：

（1）区县信用社已经不再是独立法人，其内设部门大幅减少，仅留下主要业务部门、风险控制部门和日常综合管理部门，不再设置相对独立的中后台作业部门；其职能以市场营销和服务网点为主，其他大量的管理工作和后台处理工作都上收到了市联社。轻装上阵后，其市场拓展功能大幅增强。

（2）乡镇信用社层级已经撤销，由区县信用社对基层网点实行直接管理，业务链条缩短，人员精简，管理成本大幅下降。基层网点经过改组

```
                          ┌──────────┐
                          │  市联社  │
                          └──────────┘
```

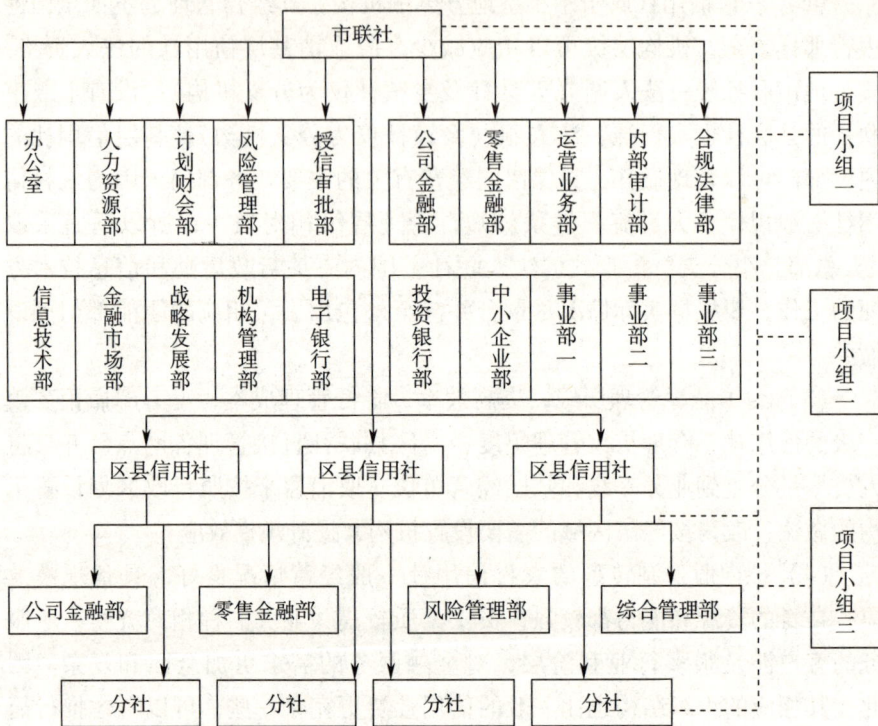

资料来源：笔者根据我国农村信用社现状归纳的再造后的组织结构模式。

图4-5　适应流程再造的农村信用社组织结构

后，已经没有原来功能单一的储蓄所，全部变成服务功能和软硬件设施都较为齐全的综合分社；作为最直接伸向市场的前端触角，经营中绝大部分的业务和工作需求都可由基层分社发起并快速上传；经过内部化流程的处理后，再反馈给客户，这个过程相对于过去来说已经大幅简化和快捷。

（3）市联社因为管理职能和后台处理工作的上收，部门相应增加，但职能划分更为清晰，尤其是增设了专业化分工的各事业部，如公司金融部、零售金融部、中小企业部、金融市场部、投资银行部、电子银行部（或银行卡部）以及按行业或产品划分的事业部一、事业部二、事业部三等。这些事业部可以对基层社直接进行条线管理、条线考核和独立核算。不过，这还不是严格意义上的事业部制，而是根据信用社的发展阶段和实际情况进行了必要的简化和改良。

（4）这种架构属于比较典型的"大总部、小分支"的组织结构，但发起于基层分社或区县信用社部门的业务和工作需求，均可迅捷直达总部对应的条线主管部门和中后台，通过内部流程并借助电子平台进行专业化、高效率的处理，既分工明确，又能共享信息资源。作为会计运营业务的大后台，可以考虑将运营业务部扩充为运营业务总部，再根据专业下设多个运营中心分别处理各类会计结算、账户管理、账务清算和金库管理等后台业务。

（5）在业务发展需要或有特殊任务的情况下，如开发新产品、设计市场营销方案或信息技术系统升级，可分别从市联社、区县信用社和基层分社三级抽调各类专业人员组成专门项目小组，协调配合，共同推进当前工作。任务完成后，相关人员回归原单位或组成新的项目小组。这里体现了业务发展对组织结构柔性化和专业化的需求。

当然，组织结构模式也不是越超前越好，流程再造的最终结果本来是彻底变革的，但其改造过程却应该是循序渐进的，因此与之相应的组织结构再造也是循序渐进的。我国农村信用社的改革和发展尚处于不成熟阶段，有许多特殊问题需要逐步解决，不能一蹴而就。所以，其流程的重新设计和组织结构的再造也有其特殊性，要以实用、合用为原则，决不能照搬现行的做法和理论上的结论，要充分考虑到具体信用社的发展特点、市场环境和自身对变革的承受能力。

第六节　本章小结

本章主要是在前述理论研究和银行流程再造普遍性分析的基础上，对我国农村信用社流程再造的具体实施进行了有针对性的探讨，体现了本书普遍性分析与特殊性分析相结合的思路。

首先，根据我国农村信用社的相关制度背景和发展现状，探讨农村信用社流程再造的积极意义及战略规划，然后进一步提出了农村信用社主体流程再造的实施路径，涉及内容包括前台、中台和后台流程再造。在整体业务流程中，要根据不同信用社的特点，注意充分发掘和整合组织的资源与能力，保证效率与风险控制并重，必须将前台操作与后台批量处理相分离、营销职能与管理职能相分离、简单管理与复杂管理相分离、内部处理与对外服务相分离。

其次，阐述了农村信用社流程的战略性外包。由于目前我国大多数农村信用社经营和管理处于低级阶段，外包业务还属起步状态，因此可以大胆设想，谨慎推行。大体上，可以考虑将以下业务有选择性地外包出去：信息技术、行政后勤、安全保卫、部分人事工作和营销业务、应收账款清收等。

再次，对农村信用社流程再造中的客户关系管理进行了研究。通过对我国农村信用社改革发展历程以及与之相关联的客户关系管理模式演变的分析，结合客户关系管理策略，提出信用社在流程再造过程中必须积极推行客户经理制的观点，并给出了相关的实施建议。

最后，详细探讨了适应流程再造战略的信用社组织结构再造。现在农村信用社绝大多数实行以自我为中心的职能型结构，机构臃肿，成本高昂，效率低下，迫切需要按照"扁平化、柔性化、集约化、以客户为中心"的原则进行再造。基于信用社现有的发展改革状况以及自身资源与能力的特点，笔者认为，当前我国农村信用社的组织结构适宜采用"大总部、小分支"的扁平化结构同简化和改良后的事业部制相结合的模式。

下一章将对广州农村信用社（广州农村商业银行）近年来的流程再造实践进行案例分析，旨在验证前述基础理论及研究结论对银行流程再造实践的指导意义，为基于某一类型银行的流程再造究竟如何实施提供有益的借鉴；同时，通过案例启示，指明我国农村信用社流程再造的优化路径。

第五章 案例研究：广州农村信用社的流程再造

在当前金融业日新月异的大变革时期，绝大多数的国内银行包括农村信用社都已经或正在实施程度各异的流程再造，因情况不同、方法不同，其结果也迥然不同。有失败的教训，也有成功的经验。本章试图对广州农村信用社（广州农村商业银行）历时数年的流程再造实践案例进行剖析。

第一节 背景资料及流程再造动因

一、广州农村信用社改革发展之路

（一）历史沿革

1. 广州农村信用社（简称）起源于 1951 年广州市各区县分别成立的互助合作性质的农村信用社，当时区县信用社和乡镇信用社都是独立法人，尚没有成立统一的广州农村信用社。1983 年到 1996 年期间，各地农村信用社由农业银行代管；1997 年各区县信用社脱离农业银行领导，实行独立经营、独立核算、自负盈亏，在行政上则由当时的广州市农村金融改革办公室管理。

2. 1998 年 9 月，广州市农村信用合作社联合社成立，管辖广州区域内各区县信用合作联社及其下属机构；市联社、区县联社、乡镇信用社为三级法人管理体制。2006 年 11 月，广州市农村信用合作联社开业，顺利完成了统一法人体制改革；各区县信用社及下属网点成为市联社的分支机构，不再具有独立法人资格。此时，才从真正意义上理顺了公司法人治理体制。

3. 2009 年 12 月 7 日，中国银监会批复同意广州农村商业银行股份有限公司开业。2009 年 12 月 11 日，广州农村商业银行股份有限公司正式开业。由农村信用社向股份制商业银行的转制工作正式完成。

4. 2005 年、2007 年、2009 年、2011 年广州农村信用社进行了四次较大规模的增资扩股，目前总股份达到 81.3 亿股。2008 年 3 月底，成功兑付中央银行专项票据资金 21.88 亿元，成为人民银行"花钱买机制"政策在广东省内第一家支持的农村信用社。由此，广州农村信用社的资本实力和经营能力大幅提升。

（二）基本情况

表 5 – 1　　　广州农村信用社（广州农村商业银行）近年主要数据

单位：亿元、%

年份	存款	贷款	经营利润	五级分类不良贷款	五级分类不良贷款率	存款在广州同业市场占有率	贷款在广州同业市场占有率
1998	358.46	228.59	0.68			8.53	9.00
1999	398.44	250.91	0.40			8.27	7.30
2000	413.68	271.96	3.24			8.43	8.01
2001	434.28	286.28	2.08			6.97	6.60
2002	489.98	316.62	0.91			6.52	6.01
2003	573.17	351.28	2.69			7.06	5.81
2004	663.84	409.02	4.51			7.36	6.33
2005	791.53	429.67	7.96			7.11	6.26
2006	923.41	536.49	12.02	123.89	23.09	7.24	6.83
2007	1 067.17	612.17	14.49	93.12	15.21	7.50	7.14
2008	1 288.77	719.5	20.58	67.27	9.35	7.93	7.16
2009	1 523.68	915.36	27.17	12.07	1.32	7.57	7.43
2010	1 848.6	1057.1	40.04	7.05	0.67	8.10	7.35
2011	2 105.7	1 188.9	50.30	7.13	0.60	8.35	7.61

资料来源：笔者根据广州农村信用社近年有关资料归纳整理。

2011 年末，广州农村商业银行共拥有中心支行 15 家，多点和单点的直属支行 11 家，遍布广州城乡的营业网点 613 个，居广州同业之首；共有员工6 912人。总资产2 737亿元，近五年来存贷款业务年均增幅约为20%，主要经营指标均居全省农村合作金融机构首位，业务规模居全国农村商业银行第4名，是广州地区仅次于四大国有商业银行的第五大银行机构。它成功入选国际权威杂志英国《银行家》杂志2011年全球1 000家大银行并排名第343位，在国内114家上榜银行中排名第27位。它发行银行卡800多万张，ATM跨行交易量高居广州地区同业首位；债券交割总量在全国金融机构中排名第26位，稳居全国农村商业银行第2名。2010年9月，获准设立博士后工作站，成为国内首家设立博士后工作站的地方性银行机构，为业务持续快速发展奠定了坚实的人力资源基础。广州农村商业银行与德国国际项目公司（IPC）开展合作，引进国际先进的微小企业贷款模式，提升微小贷款业务服务水平，致力于缓解中小企业融资难题，并强化其"零售银行"和"社区银行"的定位。广州农村商业银行还积极推进跨区经营战略，截至2012年9月，在全国各地发起设立的22家珠江村镇银行已经开业，经营发展势头良好。除了继续推进村镇银行建设外，2013年开始，广州农村商业银行也将启动设立异地分支机构的工作。

二、战略转型及流程再造动因

农村信用社改革转型的模式有三种，选择何种转型模式，必须结合国家政策、区域环境、自身特点、资源与能力状况、未来发展趋势等方面因素进行综合筹划。在传统农村地区，农村信用社作为农村金融主力军，在当地市场上具有一定的业务垄断性，其发展受外部市场环境变化的影响较小。然而在经济发达地区，城市化进程改变了城乡二元经济结构，农村金融环境发生重大变化，对长期定位于服务"三农"的农村信用社的服务地域、服务对象、服务内容以及资源配置等都带来了深刻影响。从战略角度来说，这类地区的农村信用社一般适合向股份制的农村商业银行模式转型。

（一）广州近十年的城市化进程及成果

城市化是人类生产与生活方式由农村型向城市型转化的历史过程，主要表现为农村人口转化为城市人口及城市不断发展完善的过程，其实质是产业结构优化、要素配置优化、集聚发展的过程，在这个过程中，整个城市的经济效率和经济效益得到显著提高。广州城市化指标如表5－2所示，我们从中可以发现广州城市化进程的主要特点。

表 5 - 2　　　　　　　　　广州城市化指标表　　　　单位：亿元、%

年份	生产总值	第一产业占比	第二产业占比	第三产业占比	非农业人口占比
1999	2 056.74	4.51	45.67	49.82	62.14
2000	2 492.74	3.79	40.98	55.23	63.58
2001	2 685.76	3.62	41.89	54.49	63.30
2002	3 001.48	3.43	40.88	55.68	64.57
2003	3 496.88	3.02	43.13	53.85	80.85
2004	4 450.55	2.63	40.18	57.19	81.11
2005	5 154.23	2.53	39.68	57.79	82.23
2006	6 073.83	2.12	40.01	57.88	82.34
2007	7 109.18	2.11	39.48	58.41	82.32
2008	8 287.38	2.04	38.95	59.01	82.35
2009	9 112.76	1.90	37.25	60.85	82.39
2010	10 604.48	1.78	37.49	60.73	—

资料来源：由笔者收集广州市政府有关网站和统计年鉴、统计公报的有关数据汇总。

1. 城市化发展速度较快。改革开放前，广州非农业人口增长较慢，其中甚至出现反复。改革开放后，广州非农业人口呈现大幅增长趋势，至 2009 年末，非农业人口比重达到 82.39%，远远超出全国平均水平。

2. 第一产业占比逐步降低，第三产业增幅明显。工业化推动了广州乃至珠江三角洲地区城市化的进程，同时城市化的发展又进一步促进了广州产业结构的优化，促进工业化阶段的演进。2009 年广州市三次产业比重为 1.90:37.25:60.85，呈现典型的"三二一"工业化后期阶段特征。

3. 城市化的层次性特征明显。虽然广州城市化进程较快，水平也较高，但区域发展不平衡，从远郊到近郊再到中心城区，依次表现为城市化水平由低到高递增的态势，层次特征非常明显。这一由低到高的层次在很大程度上彰显了广州城市化的基本轨迹。

（二）城市化进程中广州农村信用社面临的机遇

1. 金融供给与需求的数量增长带来了历史机遇。

（1）由于农村地区的发展，新"三农"逐渐富裕起来，经济实力大大增强，为农村信用社提供了稳定的资金来源，极大地促进了存款业务的发展，农村信用社以较大优势享受着城市化进程的成果（如图 5 - 1 所示）。

（2）城市化进程中基础设施建设带来的机遇。农村城市化建设首先是

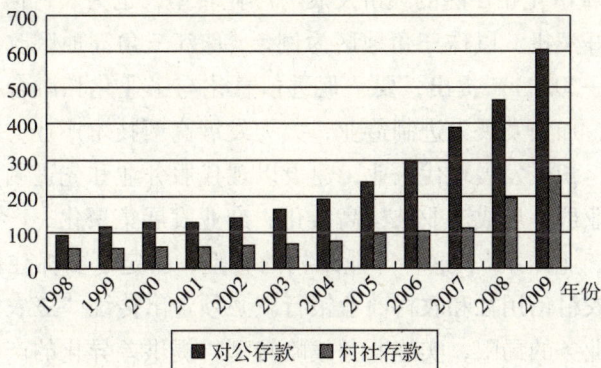

资料来源：笔者根据广州农村商业银行近年数据整理。

图 5 - 1　广州农村商业银行 1998—2009 年对公存款和村社存款增长情况

基础设施建设，主要包括新住宅、新设施、新环境等方面。新农村基础设施建设仅靠政府财政支持和自身筹资是不够的，还需要来自其他途径的大量资金支持，进而为农村信用社信贷业务发展带来难得的现实机遇。

（3）农村产业结构调整带来的机遇。随着城乡一体化程度日渐提高，农村产业结构发生了深刻变化，农业生产占比大幅下降，农村产业结构逐步向第二、第三产业转移。即便是部分以从事农业为主的农民，其生产方式也趋于规模化和产业化。同时，村镇企业、民营企业等在城市化进程中大量涌现。农村产业结构的调整与升级、产业规模扩张相应带来了庞大的资金需求，并为农村信用社的信贷业务发展提供了广阔的空间。

2. 金融需求结构的变化提供了良好契机。

（1）农民的角色发生转变，收入不断提高，企业不断发展壮大。2009年，广州市生产总值 9 112. 76 亿元，农村居民年人均纯收入 11 067 元，同比增长 12. 6%。经济主体的金融需求已不仅仅局限于存款、贷款等传统业务，汇兑结算业务、代收代付业务、外币业务、证券交易业务、保险业务以及理财产品业务等都已成为经济主体生产、生活中的现实需求。

（2）在城市化进程中，"三农"在内涵与外延上均发生了转变。针对"三农"所发生的新情况、新变化，包括经营机构和收益模式的变化，需要通过产品的创新来切实解决农民和其他经济主体在城市化过程中产生的金融需求。在传统的抵押贷款和保证贷款的基础上，广州农村信用社推出和完善了中小企业动产质押、保理业务等各类授信品种。

（3）与城市化相伴随的经济发展与产业转型，也为农村信用社业务转型提供了良好契机。以珠三角地区为例，《珠江三角洲地区改革发展规划纲要（2008—2020）》提出，要"促进信息化与工业化相融合，优先发展现代服务业，加快发展先进制造业，大力发展高新技术产业，改造提升优势传统产业，积极发展现代农业，建设以现代服务业和先进制造业双轮驱动的主体产业群，形成产业结构高级化、产业发展集聚化、产业竞争力高端化的现代产业体系"。这种产业结构的转型，决定了要抓住城市化所带来的契机，农村信用社和农村商业银行就必须走出传统"三农"领域，突破传统信贷业务的局限，实施业务战略转型，提供差异化的产品和服务与之相对应。

（三）战略选择：向股份制商业银行转型

综上所述，外部环境的变化给广州农村信用社提出了要求：保证可持续发展的必由之路是向股份制的农村商业银行转型。从内部产权模式的弊端来看，这种转型是必然之举；而从广州农村信用社自身的发展水平来看，这种转型又具备了基本的条件。因此，转型的内生性需求是相当迫切的。

1. 现有的产权模式和发展格局面临瓶颈。（1）产权模式约束。农村信用社采取的是合作制的产权模式，难以有效解决所有者缺位问题，使得内部人控制的可能性增大；同时，弱小的资本实力和经营规模直接影响其市场竞争能力和金融服务能力。（2）品牌制约。长期以来，作为合作制金融机构的农村信用社尽管实力今非昔比，也一直在推行"固农进城"的策略，但其企业品牌依然并不为城区居民所熟悉，在一定程度上制约了业务开展。（3）电子化建设相对落后。农村信用社电子化建设起步晚、投入少，目前尚未建立全国联网的结算体系，服务手段和服务功能相对落后，难以满足城市化进程中发达地区快速、便捷的金融服务需求。上述问题要彻底解决，不是单纯在农村信用社模式下能够做到的。

2. 广州农村信用社逐步具备了向股份制商业银行转型的条件。（1）公司治理结构。广州农村信用社有符合《公司法》和银监会规定的章程，具有良好的公司治理结构和健全的组织机构，"三会"制度完善。（2）内控制度和风险管理体系健全。（3）人力资源保障。具有科学有效的人力资源管理制度，构建了具有梯次层级的人才结构。（4）与改制相关的主要指标如经营规模、注册资本、不良贷款率、资本充足率、股本结构等在2009年均已达到设立股份制农村商业银行的标准。

从广州农村信用社到广州农村商业银行，11 年的改革和发展之路可以归纳为以下几步：三级法人的广州市农村信用合作社联合社（1998 年）—统一法人的广州市农村信用合作联社（2006 年）—转制后的广州农村商业银行股份有限公司（2009 年）。它见证了新一轮农村金融改革的风风雨雨，也见证了实现一种战略目标的复杂历程。

（四）流程再造的动因——因应转制和可持续发展战略

2006 年 9 月，广州农村信用社虽然顺利完成了由三级法人向一级法人的体制转变，但原来三级法人体制遗留下来的弊病相当明显。旧的"市—区（县）—镇"三级管理模式亟待改革，特别是区县联社的层级凸显臃肿与庞大，表现为一级法人模式下市联社—区县信用社—乡镇经营管理部的层级结构中，两头弱、中间层级"鼓肚子"的现象非常严重，各类资源耗费严重，中间管理层缺乏活力，不仅不利于风险控制，也未能体现出管理效率。同时，由于区县层级和乡镇层级承担了太多的管理职能，真正的基层一线人员和市场营销人员明显不足，服务水平和营销能力低下；而且后台处理分散于各地各分支机构，成本高，效率低，信息资源难以共享。另外，在旧的管理体制下，部门主义现象也较为严重。鉴于这一系列问题的存在，广州农村信用社要顺利实现向股份制商业银行转制的战略目标，并保证可持续发展，实施流程再造刻不容缓。

第二节 资源整合与流程重新设计

哈默（1993）将流程再造的过程表述为建立共识—流程诊断—重新设计—程序执行四个阶段。实际上，前面三个阶段都可归入企业资源发掘和整合的过程中。保罗·艾伦（1994）在《银行再造——生存与成功范例》中提出了银行再造实施中应遵循的四个基本原则：理解银行再造的复杂性；采取综合再造方法论；融合自上而下和自下而上的两种思维方式；制定明确的、不可更改的时间表。[①] 广州农村信用社的流程再造工程基本上按照上述思路和原则执行。

---

① 保罗·艾伦. 银行再造——生存与成功范例 [M]. 北京：中国人民大学出版社，2006：87.

流程意识	流程呈现	流程分析	流程设计	流程实施
领导作用	系统分析	流程筛选	流程重建	动员培训
全员参与	流程调查	问题定义	管理配套	试点先行
营造环境	流程定义	原因追寻	实施模拟	评估完善
掌握方法	流程描述	确定方向	形成方案	全面推广

资料来源：由笔者根据广州农村信用社流程再造案例整理。

图 5-2　流程再造项目推进路线图

一、建立流程再造的共识

(一) 时机和条件的选择

广州农村信用社真正意义上的流程再造开始于 2006 年。选择在这个时机和这种条件下开始实施整体流程再造活动有其必然性，它由外部和内部两方面力量共同作用而成。

1. 外部条件。一是 2003 年以来的我国新一轮农村金融改革以深化农村信用社改革为重点，完善公司治理机制，加快产权制度和管理体制改革，鼓励农村信用社根据各自情况按照三种模式进行改制。二是 2005 年 10 月，中国银监会主席刘明康在上海银行业首届合规年会上提出"流程银行"的概念，引发了我国银行再造的热潮；中国民生银行成为我国最早的全面系统推行流程再造的商业银行。三是广州市政府于 2005 年成立了专门的农村金融改革试点领导小组，从政策、人员、财力、机制等方面积极支持广州农村信用社的改革和发展。

2. 内部条件。一是在 2005 年广州农村信用社实施了组建以来的第一次增资扩股，自有资本大为充实，抗风险能力增强。二是经过多年发展，广州农村信用社的整体实力大幅提升，资产规模在 2006 年超过 1 000 亿元，经营管理水平有了较大的改善。三是 2006 年广州农村信用社的统一法人工作进入实质性阶段，并于当年 9 月全面完成，达到了统一法人治理机制的"形似"，但要实现"神似"还迫切需要理顺各项经营管理机制。四是向股份制商业银行转制的工作逐步启动，同这一战略目标相适应的流程再造必须同步展开。五是 2005 年该机构的高级管理层进行了较大的调整，引入了新的经营管理理念，逐步意识到现存的问题已经严重桎梏了整个组织的发展，需要领导层以远见卓识和过人的胆量带领广大员工推行积极的银行再造。

（二）战略规划与价值认同

确定合适的再造时机后，必须制订相关的战略规划，并获得整个组织的价值认同。由于发展过程中的多年积弊以及弱竞争格局，2005 年之前的广州农村信用社机构和人员庞大，流程僵化，观念落后，已经进入发展的瓶颈。2006 年开始，借助统一法人改制的契机，它着手酝酿一系列流程再造的战略准备工作，并制订了 2006—2010 年五年战略规划，主要目标为：

（1）在经营上实现又好又快发展，争取在五年规划期最后一年实现利润超过 35 亿元；（2）2009—2010 年间完成向股份制商业银行的转制；（3）上市之前进行两到三次增资扩股，引入战略投资者，并于 2010 年开始在证券市场上市的辅导及前期相关工作；（4）于 2006 年开始正式启动流程再造工程，预计经过 6～10 年的时间成为真正意义上的流程银行。

保罗·艾伦（1994）特别提到三个促进成功再造的组织驱动力：展示对变革的承诺；展示对公平的承诺；展示对广泛参与的承诺。组织变革应该发动每个层次的员工，每个员工对于变革都要有所认可和承诺，这样就能大大提高成功的几率。在管理层对组织变革的时间和资源予以郑重承诺的条件下，员工更愿意把再造看成对当前做事方式的一个永久性的变革。[1]这正是流程再造要达到的效果。任何组织内部的改进和变革都不可避免地创造不确定性并产生新的认同和理解。接受了这个观点，管理层就会表现得像一个情绪回声板——反复、不断地指导、沟通、向员工保证，持续地把项目向既定目标推进。同时，对银行投入变革的资源作出承诺，不管是在财务方面还是在人员配置方面，是再造决心强有力的信号。动员整个组织公平地参与到人们普遍认可的高优先级流程，有助于为员工信任变革过程创造良好环境，鼓励员工积极参加他们所在流程和活动的重新设计，从而使员工树立起变革实施的主人翁态度。

---

① 保罗·艾伦. 银行再造——生存与成功范例［M］. 北京：中国人民大学出版社，2006：98.

广州农村信用社主要从以下几个方面建立员工对流程再造的价值认同：（1）管理层在多种场合以各种方式宣扬流程再造观念，为整体再造创造一个主动思考和积极改革的氛围。（2）2006 年上半年，发动总部各部门和各区县信用社全面梳理现有流程，并编制《广州农村信用社业务流程和工作流程图册》，为随后的流程诊断和流程再造做好准备。（3）2007 年初，广州农村信用社对其战略合作伙伴——长隆公司的服务质量问题进行了为期 3 个月的"长隆现象大讨论"，全辖 6 000 多名员工全体全程积极参与，在流程再造和银行经营方面提出了大量好的意见和建议。（4）2006 年9 月，召开全辖流程再造工作动员大会，要求员工做好变革前的思想准备和技能准备，踊跃参与，各分支机构务必积极推进。

二、流程诊断和提出解决思路

2006 年 10 月，广州农村信用社引入中山大学管理咨询团队，由外部专家帮助诊断流程效率，并专门成立流程优化创新项目组，在管理层和全体员工的积极配合下，全面开始流程再造工作。

10—11 月，项目组通过访谈、调查问卷和案头分析的形式，对广州农村信用社的发展战略、核心流程、管控模式、组织结构、薪酬分配和绩效考核等整体情况进行全面细致的摸查和分析，共进行内、外部面对面访谈74 人次，涉及面涵盖市联社总部各部门、各区县联社、银行同业及其他相关方；在各级主管以上及员工代表共 1 440 人的范围内组织了问卷调查，回收有效问卷 1 273 份，有效率 88.4%；共收集业内、外部资料 14 类近200 件，多达数万页。同时，在全辖范围内采取有奖征文形式发动员工就流程再造提出合理化建议。

11 月 20 日，管理咨询团队形成正式的《管理诊断书》，初步结论提出了十个方面的问题，其中前六项是同流程严格相关的：（1）发展战略定位基本清晰，但缺乏完备的战略管理体系；（2）总部管控模式基本建立，但总部与区县联社的功能定位和决策权分配有待完善；（3）大部分业务操作流程基本清晰，但与统一法人管控模式相适应的关键流程不完备；（4）现有总部与区县联社的组织架构不能完全适应统一法人后的管控要求；（5）信息技术水平无法满足产品和业务创新要求，造成市场反应缓慢及一定客户资源流失；（6）产品研发功能分散，无整体产品规划，缺乏流程及质量保证制度，创新能力不足；（7）统一薪酬体系尚在建设中，当前薪酬分配未能较好地体现岗位价值、工作风险和贡献水平；（8）绩效考核办法操作性不强，考核指标过于片面，考核结果应用不充分；（9）员工素质有了较大幅度的提升，但是整体能力和素质无法满足农村信用社未来发展战略的要求；（10）各项业务培训已基本开展，但是尚未构建完善的培训体系，管理技能等相关培训缺乏。

针对这些问题进行剖析并总结原因后，咨询项目组提出了相应的资源整合思路和流程解决方案：（1）建议成立战略管理委员会，进一步优化广州农村信用社战略发展规划，通过总部的战略规划，发挥内部协同作用，增强农村信用社的整体竞争力。（2）根据农村信用社所在行业特点及现状，建议统一法人后采用运营管理型的管控模式。（3）核心流程方面，建议确定核心业务流程和管理流程，并按照银行价值链原理进行优化梳理。同时，通过对流程的分析，从中找出组织结构中存在的主要问题。（4）针对农村信用社统一法人后的现状，从六个关键因素着手进行组织结构设计。（5）建议成立信息中心，强化信息建设功能，完成向大集成综合业务管理平台的转变。管理信息平台通过对综合业务系统和各类规范的管理信息系统等数据源系统进行统一整合，并结合相关业务部门业务需求进行深入分析，建立起一套科学、完整、统一的信息指标体系，为全联社财务管理、风险控制、客户关系管理、产品服务管理和决策支持等管理工作提供强有力的支持。（6）建议清晰产品研发部门职能，增加产品研发预算，规范产品研发流程，加强行业市场信息研究，引进金融行业相关专业人才。（7）建议建立多通道薪酬体系，制定工资总额生成机制，调整薪酬结构，建立薪酬分配与绩效考核紧密挂钩的薪酬制度。（8）建议借鉴平衡计分卡思想，构建市联社和区县联社部门 KPI 指标体系，并建立规范的绩效考核流程。（9）建议构建核心员工能力素质模型，对人力资源和员工职业生涯进行整体规划。（10）建议基于胜任能力模型构建广州农村信用社培训体系。

三、主要流程再造方案的设计

完成上述整体工作后，项目组花费数月时间分别就广州农村信用社的核心流程、组织结构、管控模式、薪酬和绩效管理等方面进行了细化的研究分析和方案设计。此处，主要就核心流程和组织结构方面的再造设计进行阐述。

（一）流程诊断及再造方案设计

项目组通过文件审阅、问卷调查、访谈、培训等手段深入了解农村信用社流程现状。一是充分研究农村信用社现有的流程资料。二是精选各部门业务骨干详细分析流程，并抽取有关的流程运行记录进行分析。三是分两次进行流程摸查和评价分析，2006 年 11 月针对市联社所有部门发放并回收《流程调查表》，了解各部门所处理的流程及其在流程中的角色；2007 年 7 月进行了流程评估调查。四是由 50 位流程培训班学员共同探讨流程，针对农村信用社实际情况编制了 3 册流程教材，2007 年 5 月开始为精英员工举办了 1 期 5 讲历时 3 个月的培训班，结果识别出 458 个系统流程活动包和 248 条重要职能流程，覆盖了所有广州农村信用社的主要业务。同时编制了流程写实图，在此基础上把握了农村信用社流程的总体状况。

2007 年 8 月 10 日，项目组提交的流程诊断分析报告指出了广州农村信用社具有普遍意义的十大流程问题：（1）部分核心流程没有提炼和呈现。在 248 条重要职能流程中，有 46 条流程在以往的流程资料中没有体现或者没有流程运行的记录。（2）流程范围不完整。在农村信用社以往进行的流程项目中，没有流程定义方法，流程的起点和终点没有规划。（3）流程层次不清晰。不同优先级的流程没有进行层次区分，导致流程重点不突出；不同层次流程的责任单位混合在同一个流程中，导致流程执行责任不清晰。（4）部分流程与统一法人的管控模式关系未理顺。区县信用社与总部之间的部分流程关系未明确，不同区县信用社对同一流程的理解不一致。（5）部门本位主义的流程。职能部门有较为严重的本位主义倾向，只考虑本部门职能范围内的流程运作，而对同一流程在协同部门的其他运作较少关心甚至不了解。（6）浓重的行政官僚色彩。存在不少按行政机构设置的流程，流程运行时的多重转接传递阻碍了沟通效率，大量单线流程的会议会签和反复审批降低了流程运行的速度和绩效。（7）人为的割裂使流程内容不完整。完整的流程内容应该能够满足流程客户需求，其中必然需要同步的资源消耗，而农村信用社流程运行所需要的资源支持并不同步，事权和财权分离就是一个典型案例。（8）流程运行信息不充分。运行规范不明确，仅有流程图示；部门流程缺少运行监测记录和统计，优秀流程需要速度、成本、质量等方面的数据分析来支持，然而，相关的原始数据并没有受到重视，没有记录，也没有统计分析。（9）整体流程的良好运作还需要更广泛的信息技术支持。（10）流程意识有待加强。农村信用社员工普遍受传统职能型组织熏陶较深，对现有流程缺乏根本性的思考而对流程的低绩效习以为常。

为了具体了解在哪些运作流程上存在的问题较大，项目组还根据所识别出的流程，从流程的重要性、办事的效率、资源的使用效率等方面设计调查表进一步深入调查，具体包括：运行时间效率最低的流程、最高的流程；工作中最不满意、最满意的流程；利润贡献最大的流程；资源浪费最多的流程；时空影响面最大的流程；受流程绩效影响面最广的流程等。同时，项目组根据实际情况和业务发展需要，优化整理出 36 个流程族、290 条流程，并汇编成册，印发部门和机构遵照执行，为日常业务运作提供了实用、高效的操作指引。

（二）组织结构诊断及再造方案设计

2006 年 10—12 月，项目组经过下列科学流程（见图 5 - 3），完成了农村信用社的组织职能优化、组织结构设计和岗位设置，并形成组织结构设计报告。

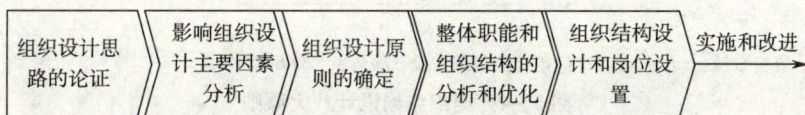

| 组织设计思路的论证 | 影响组织设计主要因素分析 | 组织设计原则的确定 | 整体职能和组织结构的分析和优化 | 组织结构设计和岗位设置 | 实施和改进 |

资料来源：笔者根据流程再造实际工作进行整理。

图 5 - 3　组织结构设计流程

项目组收集并研究了中外标杆银行组织结构资料，分析了农村信用社总部和各区县联社的组织结构、职能分配、岗位设置和岗位职责资料、访谈记录和调查问卷，并将广州农村信用社 200 多个标杆岗位职责下发给员工，对岗位从智能水平、解决问题能力以及岗位对组织影响三个方面进行岗位价值测评。首先，确定了职能导向和流程导向兼容并蓄的组织设计思路，并规定了组织设计所要达到的目标。其次，分析了影响农村信用社组织设计的六个关键因素：环境、战略、员工、规模、技术以及成长阶段。再次，确认了农村信用社组织设计应遵循的八项一般性原则（如图 5 - 4 所示）。最后，针对农村信用社的行业和企业特性制定了组织设计的七项个性化原则，即四大职能突出、经营管理分离、权责按需收放、资源集中调配、区县差别兼容、丰富化工作、渐进性改革。

项目组对现有组织结构的整体结论是广州农村信用社初步建立了一级

精干高效

在保证任务完成前提下，机构简练，人员精干，管理效率高

管理明确

避免多头指挥、职责重叠和无人负责现象

权责利对等

管理层次、部门、岗位的责任、权力和激励都要对应

分工和协作

兼顾专业管理的效率和企业目标、任务的统一性

组织结构设计八项原则

有效管理幅度

管理人员直接管理的下属人数应在合理的范围内

执行和监督分设

保证监督机构起到应有的作用

客户导向

围绕满足并超越顾客期望设计流程和职能，设置部门岗位和分配资源

扁平化和柔性化

保证对外部环境的变化能够作出及时、充分的反应

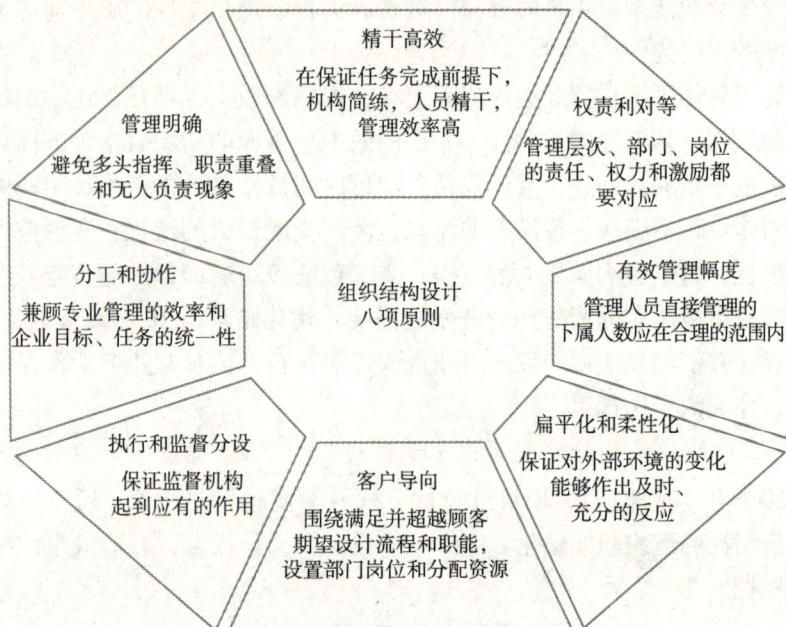

资料来源：《广州市农村信用社组织架构设计报告》，2006 年 12 月。

图 5 - 4　组织结构设计八大原则

法人组织结构，基本体现了规范化商业银行应有的功能，然而还没有达到目标模式的要求。具体结论和建议包括以下五个方面：（1）经营决策系统基本完备。然而，理事会对战略管理未给予高度重视，监事会职能应进一步加强落实，以完善法人治理结构；经营班子成员没有充分按专业化要求分工，指挥链不够清晰，影响领导效率，建议重新进行分工。（2）业务拓展系统的组织框架基本建立。然而，各业务部门按多种标准划分，销售渠道不清晰，需要重新定义销售渠道，并且业务拓展系统各部门职能链过长，削弱了专业化分工的优势，分散了服务客户和销售产品的精力，需要进行职能分离重组的优化。（3）风险控制系统较完善。然而，存在层级分割和监督执行没有分离、非闭环控制和部分职能定位不当问题，需进一步调整优化。（4）支持保障系统开始初步构建。然而，一些部门需要进行职能调整和组织结构优化。（5）作为业务拓展系统终端的各区县信用社尚未达到一级法人组织结构目标模式的要求，应定位为主要的业务经营分支，从职能和结构上突出其利润实现的作用。

根据上述思路，项目组设计了新的广州农村信用社组织架构，但因为当时并没有定型，且一直处在逐步变化的过程中，此处不再例举。下一节将会对流程再造后 2011 年最新的组织结构同再造前 2006 年的组织结构进行对比分析。项目组还提出了经营班子按职能专业化重新进行优化分工的建议以及各委员会、职能部门和区县信用社（含其内设部门）的职能定位。

值得一提的是，历时近一年的流程诊断和设计工作，既是一项科学化和精细化的工作，又是艰辛而复杂的劳动，不是单纯一个流程再造项目组能完成的。在此过程中，领导集体的决心和大力推动非常重要，各层级、各单位员工都热心地投入其中，起到了推波助澜的作用。同时，这一过程所带来的观念更新和改革预期，对后面流程再造的真正实施无疑是至关重要的。

四、信息技术资源整合

在实施银行流程再造的过程中，必须对两种基础资源——信息技术和人力资源进行有效整合，才能真正达到再造成功的目的。

业务流程的优化建立在充分发挥信息技术潜能的基础上，而再造后的流程也对信息技术支持提出了新的要求。没有信息技术的深入应用，单靠流程改善和组织变革，流程再造不可能实现效率和功能上的突破。能够快速响应市场，及时提供差异化的服务和个性化的产品是有效实现流程银行建设的关键，也是信息技术开发和建设的重点。信息技术要支持多渠道业务，实现业务的参数化，同时，配置先进的风险控制模型和控制工具，实现风险实时监控。

流程再造之前，广州农村信用社在信息技术方面存在的主要问题表现为：（1）下属区县信用社都设有专门的信息技术（电脑）部门，信息技术系统和人员分散在各分支机构，信息处理和会计运营的后台处理都没有实行大集中。（2）整个信息技术系统平台硬件和软件都很落后，业务处理能力差，严重超负荷运作。（3）信用社传统业务品种和服务功能的单一化，使得其信息技术系统功能也较为单一，许多新产品的推出都因为信息技术无法支持而被迫放弃，严重影响了组织的服务能力和市场竞争力。（4）通信网络落后，覆盖不全面，信息传输能力弱；没有形成双网双备系统、灾难备份/恢复系统，运转风险极大。（5）机房及有关硬件设施严重老化或功能落后，日常小问题频出。(6) 与外部的直接汇兑系统尚未连通，结算速度迟缓。

2006 年，广州农村信用社开始启动新一代信息技术再造工程，以配合流程再造及整体业务发展，具体程序和内容包括：

1. 分析广州农村信用社 IT 现状，确定未来发展的战略目标及整体业务规划，提出对 IT 建设的关键期望。这里需要通过访谈、专业部门提出业务需求、市场调研分析以及去其他银行考察的形式来明确要建设什么样的 IT 系统。

2. 成立新一代信息技术项目组，内设多个专业小组（组织结构的柔性化要求在这里得到体现）。2007 年 5 月通过招标确定了新的核心业务系统供应商，之后内外部专家迅速投入软件系统研发，并陆续采购各项硬件设备，开始实施新机房的建设，以保障新技术的顺利投放和运行。同时，加大通信网络设施投入，拓展信息传输能力，建立和完善双网双备系统。

3. 2007 年 7 月开始，大量内部专家协同系统开发商一起进行核心业务系统和基本配套系统的开发。到 2009 年 7 月，核心业务系统开始试运行。加速其他配套业务系统的研发和接入，并积极开展系统上线前的员工培训工作，历时 4 个月。值得一提的是，新系统上线之前的员工技能培训和适应性培训至关重要，正所谓"磨刀不误砍柴工"。

4. 2010 年 3 月，广州农村商业银行新一代综合业务系统正式上线。之后，各类专业业务系统陆续开发并接入主系统，直到目前，大量的内挂配套业务系统都还在不断开发和投产之中，能较好地适应市场和客户对产品创新的需求。

5. 2010 年 1 月，短信通服务系统上线；2010 年 5 月，对公账户实现通存通兑；2010 年 7 月，银证通系统上线；2010 年 8 月，网上银行上线；2011 年 1 月，财富中心建立，客户理财系统上线；2011 年 2 月，手机日常办公系统和手机信贷管理系统上线；5 月，会计结算中心彻底从各支行剥离，从而实现真正意义上的会计运营和后台业务处理大集中；2011 年末，手机银行系统正式上线。

历时四年，总投资近 1 亿元，再造后的新信息技术系统投产以后，在业务前台服务和后台支持、对客户营销手段、风险管理、计划财务管理、远程授权和监控、信息资源共享、产品创新和开发、办公自动化、行政后勤支持等方面都形成了巨大的推动力，促使广州农村商业银行的业务迈上了一个新的台阶。

五、人力资源整合

相对于实物资产来说，企业的成功更多地取决于先进的知识和出色的系统能力。此外，管理人力资源的能力以及把人力资源转变为有用的产品和服务的能力，正在迅速成为这个时代中一项非常关键的管理技能。正如韦尔奇一再强调的，要想为客户创造无穷的价值，人力资本的重要地位是无可替代的。同银行流程再造有关的人力资源整合，主要包括实行客户经理制和有效、合理的岗位及人员配置。

（一）客户经理制的初步尝试

流程再造的一个核心原则是"以客户为中心"，实现客户与银行的单点接触。由过去纯粹的信贷员升华为现在的客户经理尤为关键。随着广州农村商业银行客户关系的日益变化，以及流程再造后对市场营销要求的提升，客户经理制的实行迫在眉睫。可以说，客户经理制既是一种人力资源整合的方式，也是流程再造后的一种市场营销模式。

2010 年下半年，广州农村商业银行开始推行客户经理制，以进一步推动各营销机构公司业务和零售业务向着专业化、集约化的方向快速、健康发展，并于 12 月发布了《广州农村商业银行客户经理管理办法》，主要内容包括：

（1）通过考核定级，规范客户经理等级管理工作，以鼓励先进、鞭策后进，优化客户经理人员结构，为全行业务发展提供组织保障。客户经理考核定级包括资格考核和业绩考核，以业绩考核为主，业绩考核每季度进行一次。

（2）规定了客户经理业务的考核对象、客户经理的准入和任职条件、客户经理等级与职责。客户经理实行"分级考核、定期聘任、综合发展"的管理原则。业绩考核采用业务指标和模拟利润核算相结合的方法进行，不同级别客户经理需完成对应等级要求的相关指标。客户经理办理的资产、负债、中间业务等指标可折算成模拟利润。

（3）客户经理等级可升可降，每个预算年度根据其业绩和综合考评情况进行调整，符合相关条件的可晋升高级别的客户经理，重新聘任后其等级工资和工作职责也随之调整。资格考试、工作表现、指标完成情况都是影响客户经理晋级的重要因素。

（4）客户经理薪酬福利分为两部分：基本薪酬和绩效工资。基本薪酬由员工等级确定，绩效工资跟个人业绩和所属机构综合考核情况挂钩。为鼓励业务开拓，营销费用整体向客户经理岗位倾斜，具体视客户经理营销业绩与各支行费用情况核算确定。

（5）各级人事管理部门均为客户经理管理部门，各级公司、零售金融（市场）部均为客户经理协管部门。总行人力资源部、公司金融部、零售金融部针对不同等级的客户经理配备相应的培养、培训方案。

有关管理部门还进行了配套的培训工作，内容包括客户经理制度、绩效系统操作、账户分配，并对客户经理本人进行了业务和制度等方面的培训。

2011年1月，正式开始实行客户经理制考核，相关考核系统同时开始运行。此外，颁布了《广州农村商业银行2011年客户经理业务考核办法》和《2011年广州农村商业银行客户经理业务分户细则》，对客户经理实施考核，每季度公布一次考核结果。截至2011年末，共有700多名客户经理从事市场营销工作，极大地促进了广州农村商业银行业务的发展。

（二）优化人力资源配置

人力资源优化所面对的挑战是建立一个合适的环境，使得银行中的每一个员工都能够将自己的知识、技能与其他人的知识、技能进行有效的整合，这样，整个银行就会拥有一个更为庞大的知识库，形成更具竞争性的服务能力与运营体系。近年来，广州农村信用社（农村商业银行）在人力资源优化方面所做的工作主要包括以下方面：（1）大力引进人才。每年都会吸收数百名大学毕业生充实到业务一线；对各单位下达人才引进指标，鼓励全行上下举贤荐能。（2）根据职责调整和业务规模差异，开展员工跨部门、跨支行的横向和纵向交流。（3）尝试推出各条线、各专业的技术序列岗位和职级，强化条线管理能力，提升管理执行力。（4）加强培训，提高员工综合素质。一是积极开展培训工作，面向一线，以窗口服务、市场营销、综合管理、村镇银行为主线开展了九大类培训，单是2010年培训覆盖人数就超过1.5万人次，有效地提高了员工业务技能和管理水平。二是面向全辖公开选拔业务素质高、授课技能强的内部培训讲师，建立内部讲师队伍，推进员工培训常规化、规范化。（5）成功获取博士后科研工作站资格，积极筹建广州农村商业银行珠江金融学院，搭建人才培养、人才引进新平台，为业务发展奠定人力资源基础。（6）增加人员配置和使用的柔性化，根据经营管理和业务发展的需要成立各类临时项目小组，研发和不断推出专业化的产品和服务。

第三节 核心竞争力的形成——流程再造

资源发掘和整合的有效性体现在是否能够通过流程再造真正提升银行的核心竞争力，并因此而形成市场竞争优势。广州农村信用社流程再造的实施其实很难追溯其真正的起点。在统一法人改制以及中大管理咨询项目组进行流程诊断和再造设计的过程中，其流程再造工程并没有停滞，而一直是在有序向前推进。通过不断的资源整合，到2007年第一季度，在正式流程再造方案确定的基础上，这项系统工程开始提速了。

一、核心流程的再造及其效果

流程再造的内容涉及银行所有的经营和管理模块。根据中大管理咨询项目组分析确定的36个流程族和290条流程，全系统上下实施全面的流程再造。这36个流程族具体包括：个人消费信贷业务（5[①]）、公司贷款业务（6）、小额农户贷款业务（3）、票据业务（15）、资金业务（19）、国际业务（21）、存取转汇款业务（10）、卡业务（3）、代理业务（10）、自助服务业务（1）、自助业务管理（6）、账户生命周期管理（25）、产品管理（8）、现金管理（7）、资产保全（17）、审计（4）、安防纪检（6）、反洗钱（3）、投资者关系管理（5）、税务（3）、公共关系管理（3）、财务管理（14）、战略管理（1）、计划（4）、网点生命周期管理（6）、员工发展（7）、员工薪酬福利管理（4）、员工绩效管理（3）、员工关系管理（8）、采购（7）、行政后勤服务（10）、营运平台管理（2）、信息技术（27）、清差业务（10）、会计管理（4）、集中放款（3）。

可以看出，这些新的流程族涵盖了银行经营管理的各个方面，对每条流程的各个环节进行了重新梳理，基本体现了简约化、增值性、标准化、精细化等流程再造的理念。图5-5是一个关于个人楼宇按揭、个人汽车消费贷款销售的流程。

---

① 括号内的数字表示该流程族包含多少条具体流程，下同。

流程名称：个人楼宇按揭、个人汽车消费贷款销售流程　流程编码：1.1

序号	步骤	责任单位	输入输出	活动规范
1	贷款需求	客户	填写申请书（表）	《个人住房信贷业务操作规程》、《二级市场购房抵押贷款办法》、《汽车贷款管理办法》、《一、二手房按揭快速放款指导意见》、《汽车消费贷款管理办法》等
2	提供贷款申请资料	客户	根据贷款资料清单提供资料	
3	贷款调查	信用社个人贷款中心	调查意见	
4	审查	信用社个人贷款中心	审查意见	
5	审批	信用社个人贷款中心、贷审委、授权副主任或主任、市联社贷款审批部	审批意见	《信贷业务审批权限管理制度》
6	签署合同、办理放款手续	信用社个人贷款中心	签订借款合同、借据，办理抵押登记手续	
7	放款　楼宇按揭、汽车贷款还款流程	信用社个人贷款中心	办理放款手续	《出账制度》
8	档案管理	信用社个人贷款中心、一级凭证管理部门	档案归档及一级凭证交接	《个人贷款档案管理要求》

资料来源：摘自广州农村信用社 2007 年 8 月公布的《流程报告》（第一分册）。

图 5－5　个人楼宇按揭、个人汽车消费贷款销售流程

在这个授信流程中，从客户提出贷款需求到最后放款和信贷材料归档，整个流程是非常清晰的，申请—调查—审查—审批—签约—放款—归档，以服务客户为中心，信用社同客户接触的营销渠道是基层个人贷款中心的客户经理，实行单点接触；而其他流程则完全实现了内部化，没有多余环节。流程中对包括客户和银行内部各职能岗位的职责有明确的划分，各司其职，每一个环节的操作也有相关的政策制度和操作依据，体现了流程的规范化和标准化原则。"审查和审批分离、审贷分离"的原则在流程中也得到很好的体现。

在流程再造的具体推行过程中，总部高级经营管理层身体力行贯彻流程银行理念，在业务流程再造和组织架构调整上大胆革新，敢于突破。在全辖范围内广泛开办流程优化创新培训班，对各条线的业务骨干进行现代流程理论和实践的专业化系统培训，为流程银行建设储备了良好的人才资源。成立专责流程执行工作小组，对日常流程运转情况进行检查和督导，使流程银行的理念日渐深入地根植到每一位员工的头脑中去。

同时，为巩固近年来流程再造的成果，调整优化可能存在的缺陷和不足，总部经营班子和主要职能部门负责人深入各分支机构，调研收集第一手资料，积极听取基层意见；组织专责团队对关键流程进行分析整理，提出调整优化方案，推动流程再造工作走向深入。在后续流程运行中，建立了后续优化动态评估机制，持续不断地关注流程运作效率，从而提升整体服务水平与管理能力。近年来，为了适应市场需要，积极采取措施向流程银行模式靠拢，对原有的业务流程以及内外部组织结构进行不断变革，以期有效地改善对主要客户的服务质量，降低成本，加强风险控制活动。

广州农村信用社自 2006 年开始的流程再造工作取得了显著的成效，建立了流程银行的雏形。笔者从经营管理上的几个主要变化来说明广州农村信用社流程再造工程的实施情况及其效果。

1. 完善了"大总部、小分支"的流程运作模式。

（1）撤销原有的乡镇信用社（经营管理部）层级，由区县信用社直接管理各网点，人员充实到一线业务部门和基层网点。在区县信用社范围内的流程环节明显减少，区县信用社主任直接面对客户拓展业务，增强了营销功能和市场意识。

（2）上收人事、财务、行政后勤、授信、资金、内部审计、信息技术、不良资产管理等方面的事权和审批权，大量的管理职能集中在总部，减少了基层的运作和决策环节，反而缩短了流程，提高了效率。举几个事例说明如下：

①原来招收员工由区县信用社各自操作，再报市联社审批，历时较长，道德风险也大；改造后由市联社统一招人，直接分配到基层使用，用人质量和效率都有了保障。②网点装修招标及管理工作原来属于各区县信用社自己的权限，但弊端在于没有统一规划，标准不一；自主招标，暗箱操作屡禁不止；各自为政，没有产生规模效应，成本高企，导致历年来网点装修方面欠账太多，软件和硬件设施都极为落后，效能与效益低下。通过流程改造，由市联社统一招标、统一装修，则原有问题迎刃而解。③改造前资金头寸和运用在由区县信用社管理的情况下，资金要么是闲置浪费，要么是头寸不足引发支付风险，而且收益明显偏低。资金业务由市联社资金部门和计划部门统筹后，综合收益明显上升，流动性风险大幅降低。④各区县信用社原来设有专门的电脑部（信息技术部），信息技术人

员和资源分散，信息不能共享，资源浪费，出现问题却没能力解决。流程再造后信息技术事务上收市联社，并且推出新一代的综合业务系统，完善信息技术平台，有力地促进了各项业务的发展。⑤不良资产管理原来也是由各区县信用社分散负责，人员臃肿，资源分散，多头公关，一笔不良贷款的处理要经过区县信用社资产保全部、区县信用社资产管理委员会、市联社资产管理部、市联社资产管理委员会、市联社主任五个环节。实施流程再造后，去掉了前面两个环节和最后一个环节，只剩下两个环节，链条大幅缩短；成立了专业化的羊城信用社，专司不良资产清收职责，另按经济区域设置若干清收小组。这样一来，不良资产岗位的人员只需要原来的20%，但效率和清收效果却大幅提高。

2. 会计运营业务在大后台集中处理，营运能力和风控水平明显改善。大量的会计运营处理业务原来是分散在各区县信用社操作的，每天由各营销渠道发起的业务源源不断，区县信用社需要大量的人力和物力进行后台处理，但结果是效率低下，差错频发，客户不满，业务流失。再造前，一笔对公资金划出，要经过网点柜员、网点后台复核、乡镇大社划转、区县信用社结算、市联社清算处理至少五个环节。2008年初，广州农村信用社开始实行会计运营大集中，先是增加网点直接划账功能，缩短结算流程，2008年中上收事后监督职能，2009年上收会计督导职能，2010年金库出纳、现金管理业务和自助设备由总部统一管理，2011年5月各支行的结算中心脱钩统一并入总行运营管理总部，实现了彻底的运营后台大集中，支行成为真正意义上了无牵挂的营销平台。

会计运营流程再造后的直接结果是：会计结算处理速度加快，支行会计管理和后台人员大幅减少。以笔者所在的中心支行为例：2006年，一笔对公资金从柜台接单开始，经过繁复的内部流程，到划出系统一般需要两天时间；流程再造后一般半个小时就可以划账出去，一个小时以内到达收款人账户，如客户需要，可实现实时达账；2007年底，该支行（原为区信用联社）的会计管理和后台人员总共有50多人，而在2011年5月实施改革后，真正属于支行的会计管理人员只需1人，由其负责会计业务协调，连同上收总行的人员一起也不过10多人而已。

二、适应性的组织结构再造及其效果

与业务流程再造相适应的是组织架构调整和总部职能的调整，实现

"大总部、小分支"的架构与总部职能的集约化集中管理。广州农村信用社（广州农村商业银行）近年来对原有组织架构不断进行扁平化调整，2007年对个别规模和管理幅度过大的分支机构进行分拆，成立新的行政辖区下的南沙和萝岗两个片区信用社。2008年，配合业务流程的再造，继续对组织架构进行了"压扁拉直"的扁平化改造，选择对城区信用社一级区域经济特征明显的辖区进行内部整合，分拆成立了5个新的一级分支机构（营业管理部，后改为信用社，目前为中心支行），按照适度规模的原则，使分支机构集中精力抓营销，减少管理层级和管理职能，提高市场反应速度和流程周转效率，分拆后的分支机构产生了1+1>2的效果，增强了分支机构的经营活力和盈利能力。2010年更是调整优化组织架构，探索新型管理模式：一是适应业务发展和战略转型需要，设立15家直属支行，提高资源配置效率和区域辐射能力。二是新设贸易融资部、中小企业（"三农"）金融部和村镇银行事业部，从组织架构、资源配置等方面加大对转型业务和跨区域战略布局的支持保障力度。三是调整总行部门设置，厘清部门职责，梳理并优化重点业务流程，提高工作效率。四是优化支行组织架构，核定内设部门数及部门内编制职工数，并按业务规模和发展潜力进行分类管理。

2011年，广州农村信用社（广州农村商业银行）的组织结构又有了大的调整和改善。在此，笔者将再造前2006年的组织结构同再造后2011年的组织结构进行对比，发现历时五年的流程再造改变了很多东西。

（一）再造前的组织结构分析

再造之前的2006年，广州农村信用社还属于三级法人模式，其组织结构基本上是沿用传统的职能型模式，如图5-6所示。

市联社部门严格按职能划分，专业特色不明显，部门之间的协调配合存在较大问题，事业部制的建立刚处于起步阶段。最关键的是区县信用联社内设部门相当臃肿，最多的达14个部门，而且各联社内设部门不统一，部门职责不统一，可谓"麻雀虽小，五脏俱全"，承担了大量的管理职能，本应上收总部的会计结算、事后监督、信贷管理、资产保全、稽核审计、信息技术等管理和后台处理职能都集中在区县信用联社，而业务营销职能并不明显，主动开拓意识欠缺。另外，多了乡镇信用社这一中间环节，由其同时兼顾管理和营销，且在观念上存在着严重的官僚主义和等客上门倾向。区县信用联社管理乡镇信用社，管理幅度较窄，管理资源浪费，而且权力膨胀，一个乡镇信用社的"小金库"最多的达 800 多万元。此外，由于区县信用联社不直接管理分社，对基层情况不了解，管理意图难以在基层顺利执行，同营销一线和外部客户之间都保持着较大的空间距离，严重束缚了业务的发展。最为关键的是，各种人力资源和物质资源分散于各处，无法统筹使用，难以形成核心竞争能力和市场竞争优势。

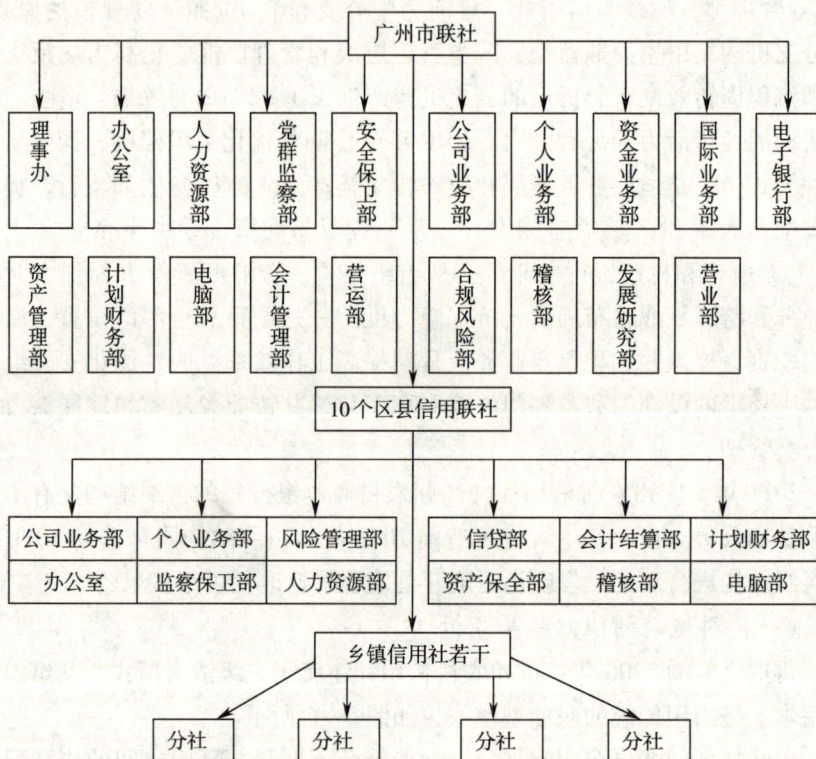

资料来源：笔者根据 2006 年广州农村信用社组织结构情况绘制。

图 5 - 6　广州农村信用社再造前的组织结构

（二）再造后的组织结构分析

2011 年改造后的组织结构如图 5 - 7 所示。其特征可以概括为：机构扁平化、管理垂直化、营销专业化和作业集中化。它肯定不是最终的定论，事实上流程再造是一个持续不断的渐进完善过程。但相对于 2006 年再造之前的组织结构，它已经有了较大的改善。

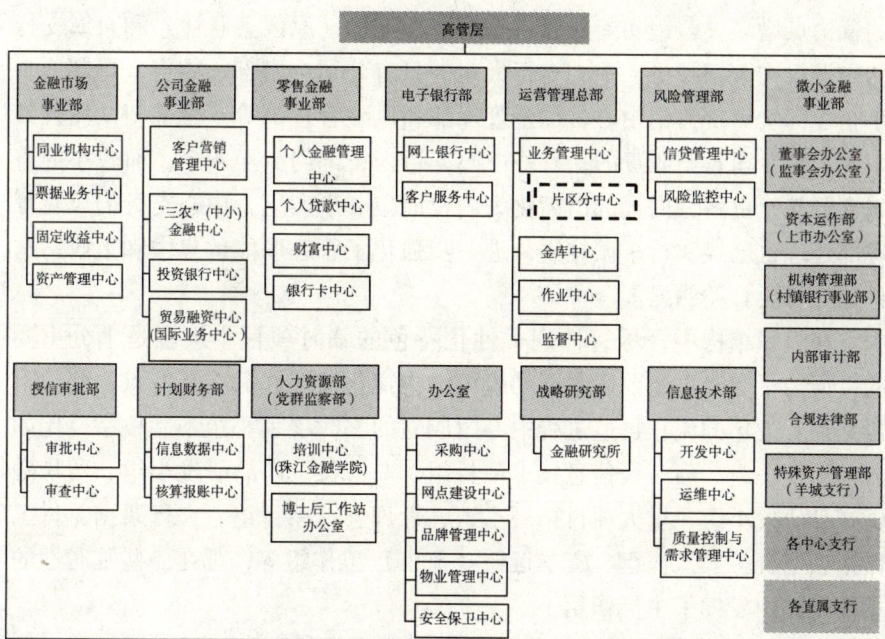

注：根据广州农村商业银行现有组织结构整理，对各支行的内设部门没有详述。

图 5 - 7　广州农村商业银行再造后的组织结构

1. 按专业而不是职能的归类相当明显，事业部制的建立初现端倪。按专业归类实施大后台建设比较典型的是运营管理总部和办公室。运营管理总部是原来涉及会计运营方面的几个部门合并之后的大后台，按专业分设了4个中心。在业务管理中心之下按经济区域和管理就近原则设立片区分中心，将从各支行彻底上收的会计结算管理职能纳入其中。这已经实现了真正意义上的大集中、集约化和规模化。大办公室合并了原来的办公室、安全保卫部、行政管理部和网点管理部门的职能，体现了后勤服务的大集中和专业化。事业部包括公司金融部、零售金融部、电子银行部、金融市场事业部、微小金融事业部、特殊资产管理部，彰显了将来事业部制的发展趋势。

2. 区县和乡镇层级的改革力度较大，营销职能加强。一是乡镇层级的机构已经取消，由区县支行直接管理基层网点。二是总行下辖的中心支行和直属支行的数量扩大到27个，而且是按经济发展情况而非行政区划设立，总行的管理幅度拉大，体现了另外一个层面的扁平化；同时促使整体的营销点增多，营销功能提升。三是中心支行（原区县联社）和直属支行的内设机构大幅减少，中心支行最多的只有公司金融部、零售金融部、中小企业部、个贷营销中心、综合管理部和风险管理部等6个部门，而且其中4个是专司营销职责的；有些中心支行内设部门少至4个，而较小的直属支行甚至更将其内设部门简化为内设岗位。事实上，中心支行的风险管理部经理也已经实行了派驻制，进一步强化了管理职能的集中和上收，这种趋势将会日益明显。

在组织结构中，尽管体现柔性化特色的临时项目小组也是十分重要的，但为了突出再造前后主要的组织结构变化情况并分析其特点，此处不再赘述。近年的流程再造过程中专门成立的临时项目小组不胜枚举，比如流程再造小组、新一代信息技术项目组、"三农"产品研发小组、贸易融资产品研发小组、重大项目拓展小组、管理会计项目组、央行票据兑付工作组、增资扩股工作组、资本运作（上市）工作组等，都在一些临时性的重要工作中发挥了主导作用。

三、服务能力的提升：产品和渠道创新

对于银行来说，流程的优化、组织结构的变革和其他配套工程的完善，最终都必须落实到为客户提供令其满意的金融产品和服务渠道，促使客户价值最大化和银行自身价值最大化。它们之间事实上是难以区分的，流程再造过程本身就是产品和渠道再造的过程，资源整合的结果必然伴随着因为产品和渠道创新所带来的服务能力的提升。下面分别从产品和渠道两方面的变化情况来说明广州农村信用社流程再造的整体效果。

（一）流程再造中的产品创新

传统"三农"经济对金融服务的需求比较单一，加之过去农村金融市场的竞争较小，所以农村信用社的业务品种一直偏少。实施流程再造的过程中，广州农村信用社充分意识到适应市场需求的产品创新和产品营销才是维系客户、创造价值的根本保证。因此，它着力于积极整合内外部资源，各类产品创新层出不穷。表5-3是2011年同2005年各类金融产品数量的比较。

表 5 - 3　　　　流程再造前后广州农村信用社业务产品变化情况　　　单位：种

时间	公司金融产品	零售金融产品	同业金融产品	国际业务产品	电子银行产品
2005 年	21	34	4	5	0
2011 年	145	137	32	38	11
增加数	124	103	28	33	11

资料来源：笔者根据广州农村商业银行业务情况统计，可能有疏漏。

从产品条线方面来看，近年来获得的一些重要成果值得关注：（1）2007 年开始推行贸易融资业务，这是一种基于供应链的新型银行授信业务；经过几年发展，2011 年末，这类融资客户超过 500 家，关联授信业务规模近 500 亿元。（2）2010 年开始与德国国际项目公司（IPC）开展合作，引进国际先进的微小企业贷款模式，提升微小贷款业务服务水平，致力于缓解中小企业融资难题，截至 2011 年末已投放微小贷款 8 亿多元。（3）积极推出各类公司和零售理财业务及代收代付业务，根据客户需求和业务需要滚动发行理财产品；同时准备在 2013 年上半年在合适的分支机构建立 9 个财富中心。（4）试行投资银行业务和信托业务，在 2010 年下半年以来市场资金偏紧的情况下，拓展了大量相关业务，满足了客户多样化的融资需求。（5）在储蓄业务通存通兑的基础上，于 2010 年实现了对公存款业务的通存通兑，极大地方便了客户办理业务。（6）连通"农信银"系统，实现了同国内十多个省市农村信用社系统的通兑。（7）2011 年 3 月，广州农村商业银行的信用卡——太阳卡面向市场发行。

（二）流程再造中的渠道创新

流程再造之前的广州农村信用社服务渠道仅限于网点柜台、营业柜员和信贷人员，提供的是简单、低层次的服务。流程再造后的服务渠道发生了翻天覆地的变化，其服务功能也有天壤之别，如表 5 - 4 所示。在原来简单的柜台服务和信贷员服务渠道的基础上，主要增加了各类电子化、财富中心、大堂经理和外包服务商等渠道，使信用社能为客户提供跨越时空的优质服务。

表 5 - 4　　　　　　广州农村商业银行服务渠道及其功能演化

时间	客户服务渠道	服务功能
2005 年以前	柜台、柜员	存款、取款、转账结算
	信贷员	信贷业务

续表

时间	客户服务渠道	服务功能
2011 年	柜台、柜员	存款、取款、转账结算、理财产品、代收代付、银保业务、银证业务、国际业务、卡业务等
	客户经理	信贷业务、存款拓展、理财产品、财务咨询、国际业务、卡业务、产品设计等
	ATM	存款、取款、转账、缴费、查询、透支等
	自助银行	存款、取款、转账、缴费、查询、购买理财产品、存折业务、卡业务、信贷业务等
	网上银行	转账、缴费、查询、购买理财产品、信贷业务、网上支付等
	电话银行（客户服务中心）	转账、缴费、查询、挂失、短信通、人工服务、业务咨询和投诉接待等
	短信通	各类业务信息通知
	财富中心	各类理财服务、银保业务、银证业务、银信业务等
	大堂经理	各类理财服务、客户引导、业务咨询等
	外包服务商	银行卡、理财产品营销；按揭业务中介；资产评估；授信担保等。这些机构既提供服务，又能为信用社介绍业务

资料来源：笔者根据广州农村商业银行经营情况整理，可能有疏漏。

上述任何一个服务渠道都是银行一项业务流程的起点，渠道的数量与布局、质量的好坏、回应的快慢、业务处理的有效性等都显示了一家银行竞争力的高低。近年来，广州农村商业银行主要专注零售银行和社区银行的市场定位，致力于在零售业务和财富管理业务方面形成核心竞争优势。

四、流程再造绩效评价

流程再造绩效评价就是为了实现企业流程的战略目标，运用特定的指标和标准，采用科学的方法，对企业流程再造活动及其结果作出的一种价值判断。其积极意义在于客观评价再造达到了什么样的效果，如风险是否规避，成本是否下降，收益是否有显著提升，效率是否提高，客户是否有更高的满意度和忠诚度，企业文化是否有重大的改善等等，最终得出再造是否成功的结论，并决定是否需要继续推进流程再造以及持续再造的方式、广度和深度。流程再造过程中随时的自我检视和反省是必不可少的，否则将流于盲目再造。

　　实施流程再造带来的后果是直接利益与间接利益并存、有形利益与无形利益并存。它既会影响到企业内外部各个方面的运作，又会对企业的生存和发展产生战略性、根本性的影响。流程再造是一种企业管理思想创新和信息技术创新相结合的管理变革，对它的评价不能脱离企业经营业绩而独立存在。但由于流程的实施要引起企业管理模式的变化、组织结构的变革、企业文化的重建、信息技术的更新和发展等，它所产生的收益不是一个孤立的产品或者某一系列客户，因此很难判别哪些收益是由流程再造产生的，哪些收益是由组织结构变革、企业文化重建、信息技术更新所带来的。可以说，流程再造功能的这种交叉性和互补性特征使得其绩效评价很难进行实事求是的量化。

　　尽管如此，为了简化问题，这里也只能主要以广州农村信用社（广州农村商业银行）流程再造期间在经营业绩方面产生的巨变来说明一种科学的流程再造在经济效益方面可能带来的贡献。

　　1. 经营规模方面。存款 2006 年末为 923.41 亿元，2011 年末增长到 2 105.7 亿元，年均增幅为 17.9%。贷款 2006 年末为 536.49 亿元，2011 年末达到 1 188.9 亿元，年均增幅为 17.3%。

　　2. 盈利能力方面。经营利润 2006 年为 12.02 亿元，2011 年达到 50.30 亿元，年均增幅 33.1%。资产利润率则由 1.18% 上升到 2.32%，几乎翻了一番。

　　3. 资产质量方面。2006 年五级分类不良贷款率为 23.09%，2011 年同口径不良贷款率仅为 0.60%，总计下降 22.49 个百分点。

　　上述成绩还是在经营网点数量逐步优化和减少的情况下取得的，2006 年末广州农村信用社全辖网点数为 650 个，而 2011 年网点数量通过撤并减少到 613 个，人均和网均效益大幅度增长。更为关键的是，此次流程再造的成功及其所带来的经营绩效的显著提升，促进了广州农村信用社向股份制商业银行的顺利转制和品牌形象的大幅提升，增强了广大员工对持续流程再造和组织发展的信心，并为将来在证券市场的成功上市打下了坚实的基础。

第四节　案例的启示

流程再造是一个持续渐进的过程，没有最好，只有更好。根据广州农村信用社（广州农村商业银行）流程再造的案例分析，结合我国农村信用社本身的经营管理特点，笔者得出如下启示。

一、流程再造必须重视资源整合与能力提升

广州农村信用社整个流程再造的历程，可以简单概括如下：（1）研究内外部宏观和微观环境，根据时机和条件，分析流程再造的可行性；（2）全体动员，整合包括信息技术和人力资源在内的主要资源，重新设计流程和组织结构，形成再造方案；（3）实施渐进而彻底的流程再造，以提升核心竞争力，形成可持续的竞争优势；（4）最终达到银行整体绩效的显著提升和企业文化的改善。

通过对上述案例的进一步分析，笔者认为还可以从一些新的思路和更细的环节来对农村信用社资源和能力进行更深入的整合，并开展后续再造，以实现核心竞争力的不断跃迁。

1. 应尽量减少部分流程的非增值环节和串行环节。例如，广州农村商业银行一笔大额公司业务授信最长的环节包括：（1）客户经理—（2）协办调查员—（3）二级支行行长—（4）中心支行风险管理部审批员—（5）风险管理经理—（6）中心支行分管行长—（7）中心支行行长—（8）总行授信审批部主审员—（9）授信审批部协审员—（10）审批中心会议—（11）授信审批部负责人—（12）大额授信评审会议—（13）会议召集人确认—（14）总行行长签批—（15）授信审批部主审员出具审批意见—（16）客户经理回应客户。授信过程共涉及 16 个环节和步骤，从精简流程和提高效率的角度来看，笔者认为上述流程中（2）、（7）、（9）、（11）、（14）等五个环节完全可以删除。精简后的授信流程尽管已经实现电子化处理，在任何时点上大家都能共享信息，但在某一个时点上却只能有一个环节的人员在自己权限范围内处理和修改业务，而不能同时并行处理；如果前面某一环节人员要修改有关数据，则必须由后面环节将资料逐步退回到前面这一环节，修改完后再按原路重新向后逐步提交资料，严重影响了办事效率和信息资源的共享。已经经过优化后的流程尚且如此，可

见任何流程再造都是任重道远没有止境的。

2. 积极推进战略性外包是信用社的当务之急。尽管经历过流程再造，但可以看得出广州农村商业银行大而全的情况依然存在。信用社应该在非核心业务和非核心流程外包方面进行新的尝试，集中优势资源，做好核心业务。如大部分的行政后勤、作业性的人事工作、不良资产清收、内部审计、非核心营销业务、产品开发等工作都可逐步外包出去。更激进的流程再造是将原来已经大集中的会计运营后台和信息技术运作彻底外包出去。不过，这么做蕴藏着较大的操作风险、成本风险和技术风险，应谨慎推行。

3. 组织结构再造要有新思路。农村信用社组织结构再造的新思路是继续强化"大总部，小分支"与彻底的事业部制相结合的组织结构模式。

（1）彻底上收各分支机构的管理职能，所有的基层网点不再同中间层次的信用社进行管理挂钩，成为纯粹的日常营销和会计服务渠道。网点员工绩效不再同各支行挂钩，使其专注于渠道业务的服务和拓展。

（2）建立区域中心卫星网点式的组织结构，使客户能够在他们感到最方便的地点得到所需要的服务；这种网点可以提供全功能服务，也可以为了交易便利而提供有限服务；这种卫星网点结构可以为不同水平的服务需求设计不同内容的服务网点。这样，全功能和有限服务网点组成一张更加有效配置资源的网络，伴随着控制和管理跨度的增加，员工能更贴近客户，促进网点服务质量和销售机会的提高。

（3）探索实行大部制和全面的按行业或产品划分的事业部制改革，搭建运营管理等业务条线稳健的大后台。也就是说，逐步推行真正意义上的事业部制，随着客户种类的增加和需求的日益多元化，这种转型是必不可少的。

4. 要积极推行专业经理人制。农村信用社要继续深化客户经理制，加强对客户经理的培训和考核，把客户经理打造成为最具价值的专业经理人。在此基础上逐步推行产品经理制、专案经理制和风险经理制。这种再造的结果是：核心业务有客户经理专门营销；主打产品有产品经理开发和培训指导；各项专门事务有相应的专家进行管理；经营风险有风险经理实施防控。这样，每一个员工都能以服务客户为中心，各司其职，真正成为一个有效的流程起点。

5. 加快电子银行建设步伐势在必行。进一步提升信息技术水平，在不断强化物理网点功能的同时，优化和充实虚拟银行功能，提高综合竞争力。要大力投入电子设备，开发新型银行功能。要提供全方位的服务渠道，如柜员、大堂经理、电话银行、网络银行、手机银行、财富中心，还有 ATM 和自助查询设备等。当然，对于规模不大、实力较小的农村信用社来说，信息技术外包可能是更理性的选择。

二、流程再造战略和时机选择至关重要

流程再造虽然是高收益的项目，但也伴随着巨大的风险，如果不符合再造的条件而盲目地进行流程再造，只会带来成本的上升和效率的下降。下面以广州农村信用社的流程再造为例来说明。

1. 自身必须具备再造的条件。首先，广州农村信用社确定了明确的战略定位，即向股份制的农村商业银行转制，而要达到转制的要求，必须完善自身的各项条件。但是，如果不实行坚决的流程再造，提升经营管理水平，完善治理机制，这些条件是达不到的。其次，广州农村信用社前期所做的一系列工作，使它具备了一定的流程再造基础。正如前文所述，外部和内部的有利因素都夯实了它流程再造的基础，并激发其积极性。

2. 正式实施流程再造前的准备工作十分关键。广州农村信用社引入了中山大学管理咨询团队，成立了流程再造项目组，领导层非常重视，举全社之力全员发动，共同推动流程再造。项目组对整个农村信用社的管理模式、业务流程、组织结构、薪酬和绩效管理、人力资源管理等方面进行了详细的诊断和分析，提出了解决问题的方法，重新设计了工作流程和组织结构，并进行了相关的培训，更关键的是形成了一种有利于流程再造的理念和氛围。

三、农村信用社流程再造需要渐进性、持续性和彻底性相结合

广州农村信用社的流程再造运动肇始于 2006 年，经历了数年的渗透与推进，尽管其已经转制为股份制商业银行，经营管理发生了翻天覆地的变化，但这场运动尚无终止的迹象。据此，不难得出两点启示：

1. 阶段性的流程再造应该循序渐进地推进。在某一阶段要实施流程再造，这种循序渐进的方式可以分解为由五个模块构成的流程再造项目推进路线图，如前文图 5-2 所示。流程设计的六项原则是：价值导向、独立运行、现场执行、结构简洁、平衡协调、全局视野。从图中可以看出，流程

设计和实施的任何阶段都必须按照规则脚踏实地地有序推进。

2. 整体的流程再造在计划上和本质上是彻底的和激进的，但在方法上应该是渐进的和持续的。因为各种原因，农村信用社有大量的历史问题和现实困难需要解决，流程再造不可能一蹴而就，比如尽管事业部制是组织结构再造过程中比较理想的选择，但农村信用社根深蒂固的职能型结构、较为单一的产品、落后的管理模式和经营理念，都决定了其组织结构的转型不可能一步到位，其他一些固有的流程也是这样。另外，流程再造又必须是持续不断的，不能因为遇到困难或阻力而停滞不前，也不能因为流程取得阶段性效果就不思进取。变化是一种常态，只有最合适的流程，没有最优的流程，所以再造应该是持续的、动态的。哈默和钱皮认为再造是对业务流程进行根本性的再思考和彻底性的再设计，这并不排斥彻底的再造是通过渐进和持续的方式来实施和推进的。欧洲银行再造的大量事例说明，以渐进、持续的方式来进行银行再造，更能为员工所接受并能避免较大的波动，容易取得成功。美国银行业再造的事实表明，"一次性、内向型、以成本为中心"的再造方式难以取得理想的效果。再结合我国农村信用社产权变革没有完全到位、公司治理机制不完善和历史遗留问题较多的现实情况，持续渐进的流程再造方式不失为一种理性的选择。

第五节　本章小结

本章主要对广州农村信用社的流程再造进行了案例研究，并得出了相应的启示。

首先，分析了广州农村信用社流程再造的背景资料及动因，提出当农村信用社发展到一定阶段，外部环境变化和内生性需求具备的条件下，转型发展成为必然的战略选择，而因应转型和可持续发展战略的必要，流程再造势在必行。

其次，阐述了再造过程中的资源整合与流程重新设计。在建立流程再造共识的基础上，进行流程诊断并提出解决思路，之后再设计方案。此外，必须对两种基础资源——信息技术和人力资源进行有效整合，才能真正达到再造成功的目的。

再次，剖析了流程再造及其配套工程的正式实施过程。主要包括核心流程的再造细节及效果分析、适应性的组织结构再造。流程再造必然伴随因为产品和渠道创新所带来的服务能力的提升。此外，还就广州农村信用社流程再造的绩效进行了评价。

最后，根据案例分析，得出的启示主要包括：一是流程再造必须重视资源整合与能力提升；二是流程再造的战略和时机选择至关重要；三是农村信用社流程再造需要渐进性、持续性和彻底性相结合。

第六章 研究结论、局限性与展望

本书在理论研究的基础上，结合实务操作和案例分析，对银行包括农村信用社的流程再造进行了具有积极意义的探讨。本章旨在归纳全书主要研究结论，同时分析研究中存在的局限性，并展望后续研究的走向。

第一节 研究的主要结论

一、流程再造是基于资源整合—能力跃迁—绩效提升过程的动态变革

由于资源的价值性和稀缺性，银行管理者必须遵循相关原则，促使金融资源通过流程再造在各业务模块和工作环节之间有效流动。通过有效流动，金融资源被重新整合后可形成企业新的独特能力，使企业整体绩效及潜能得到超常规的发掘，进而达到 $1+1 > 2$ 的效果。

（一）流程再造中金融资源整合的基本原则

1. 把客户视为银行最重要的战略资产。客户是银行业务活动的起点，是为银行带来收入的核心因素，而流程中的其他活动与措施几乎都是真正的成本中心。整合的目标是管理需求与收入来源的创造，而不是产品与成本。所以，银行应将客户当成最重要的战略资产进行投资，并确保这些投资的回报。

2. 构建明晰的流程再造战略。在战略上要明确金融资源与能力整合的流程再造战略意图，将其融入银行的各种业务流程，形成一连串的行动步骤，通过细致持续的宣传和引导，达成组织内部最广泛的共识。同时，在市场中也能得到客户及社会公众的理解和认可，其中牵涉到客户对于银行流程再造的看法和体验，而这些正是银行接触客户与潜在客户的结果。

3. 流程和组织结构重建。银行应组建一个相对完整的流程再造体系，这包括建立以客户为中心的销售前端和构建集中运营的后援平台（后台

支持）。

（1）成立以客户为中心的运作流程（销售前端）。客户或消费者必须处于任一流程整合的中心。客户至上的流程会率先、用心并且永远都考虑最终购买者或产品消费者的利益。所有职能活动、要素与单位都被导向并将重点放在为客户提供利益以及迎合客户需求上面。这样，组织成员才会同心协力提供最好的产品和服务解决方案。换句话说，只有员工个人目标同组织目标达成一致，才会最有利于组织战略的实现和可持续发展。

（2）构建集中运营的后援平台（后台支持）。细化职能部门虽然能带来专业分工的细致，但每增加一个部门，就会带来更多的预算、人员和认同上的竞争，每个部门都可能无法发挥其最大效应，也无法提供一致的后援支持和客户服务。单位内的各项职能都会自立封地，各职能部门之间互不接触，没有人站出来负责集团内复杂的跨职能任务（Senge，1995）。所以，银行建立统一的集中运营平台、为客户提供标准化服务、为销售前端提供迅捷的后援支持至关重要。

4. 建立与流程再造相匹配的激励机制。绩效管理和利益冲突协调必须服从公司整体目标，这是一个简单而有效的常识管理（Goldratt，1992）。在企业战略规划和年度经营指标中要将流程再造理念及具体目标如实体现出来，所有经营活动必须受到这一目标的约束。在银行各层级的绩效考核中体现流程再造的成效，在日常运营中建立利益冲突化解机制，使耗损最小化。

（二）金融资源—能力—绩效理论模型

金融资源整合和流程再造的最终目的在于培养银行的核心竞争力，并显著提高绩效。以企业资源和能力理论作为基础，遵循从实务探讨到理论构建的自然顺序，依据金融资源整合—核心竞争力构建—战略绩效提升的整体思路，并参考方国斌（2008）的资源—能力—绩效交叉销售理论模型，根据银行流程再造的本质特性，笔者整理形成如图 6-1 所示的金融资源—能力—绩效理论模型。

该模型展示的是金融资源整合、核心竞争力培养和流程再造绩效之间的关系。银行以客户为中心，利用内部金融资源，确定流程再造的整体规划，通过宣导和沟通，营造流程再造的文化氛围，寻求流程再造的价值认同；以信息技术、人力资源、后台支援、创新性产品、渠道和网络、教育培训、内部制度等基础性资源为支持，力图将银行所有富余资源进行有效的整合与配置，使其聚焦到流程再造这一价值创造活动上来，以提升银行的整体服务水平和价值创造能力，并内化为其独有的不易模仿的核心竞争力，从而显著提升银行整体绩效和市场竞争优势。只有当银行流程再造的影响力可以创造价值时，它的存在才具有经济性。同时，随着外部环境变迁、信息技术进步、客户需求变化和竞争对手策略的改变，银行需要不断克服现有核心竞争力的刚性，对核心竞争力实施动态重构，从而触发新一轮资源整合—核心竞争力构建—整体绩效螺旋式上升的科学管理过程。这是银行流程再造的终极目标所在。

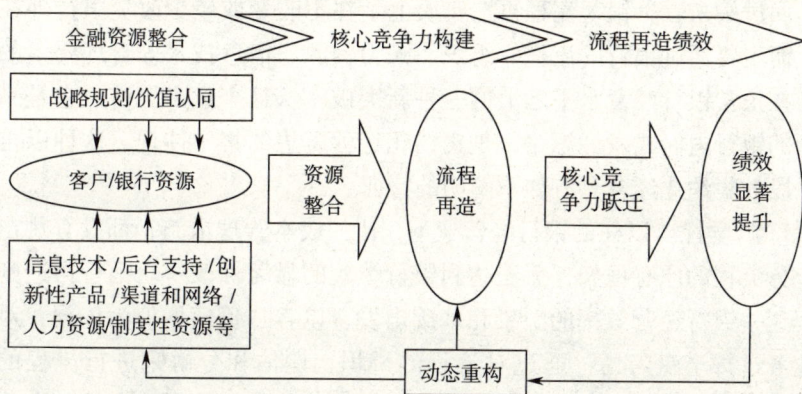

资料来源：参考方国斌（2008）的资源—能力—绩效交叉销售理论模型，并由笔者根据银行再造理论和实务构建该模型。

图 6 – 1　金融资源—能力—绩效理论模型

二、流程再造应建立在银行战略管理基础之上

流程再造是对企业流程进行根本性再思考和彻底的再设计，以达到企业业绩显著改善的目的。它的驱动力是企业的战略、愿景和客户的需求。基于企业的发展战略，流程再造必须有效重组企业内部资源，提升核心能力，以便适应外部激烈的竞争。作为企业达到战略意图的途径与手段，流程再造属于战略范畴，再造的各个环节也应着眼于战略目标。

除了作为本书主线的企业资源与能力理论，其他相关理论都可以从战略层面进行剖析。作为价值链理论的首创者，迈克尔·波特本身就是一个战略学家，银行通过对价值链进行分解与整合，以实现各利益关联方的价值最大化，这实质上就是银行经营的战略目标。交易成本的存在，影响了

企业的业务规模和经营边界，由此决定了在流程再造过程中，有些流程应该内部化，有些流程需要外包出去。根据外包理论，符合银行战略管理目标的核心业务、价值链中增值性强的环节应由银行自己执行，其他流程则可选择外包出去。流程再造过程中，与此相适应的组织结构如何设置和重组，才能有效贯彻流程理念，确保流程再造的顺利推行，这些都离不开战略管理的范畴。

三、银行流程再造最终走向集约化经营

回过头来看，银行流程再造实质上是在不改变或较少改变银行外在条件，而主要通过银行的流程、组织、人力资源、信息技术等管理要素的创新，在正常银行经营水平之上的一种新突破。从这个意义上讲，它是一种典型的银行内涵式发展思路，是集约化经营思想的集中体现。这种以再造为手段的集约化经营具有如下鲜明的特征。

1. 科学性。以往的银行经营变革，比如成本管理措施，都没有跳出银行业务流程的原有框架，无法达到银行绩效的显著性改善。银行再造则从流程这一银行经营效率的源泉和基础出发，以客户价值增值为依据，对银行业务进行全盘考虑，通过对流程的辨识、评估和分解来进行流程的压缩、删除、外包及整合，将银行生产要素按照价值规律和最自然的方式进行重新组合，从而提高效率并获取最大的集约化收益。

2. 客户价值导向性。银行再造将客户的需求作为其工作的起点，从价值链分析开始，将客户价值作为工作评判和形成决策的重要依据，对所有活动或流程按照对客户价值贡献度的大小来进行删减和整合，致力于客户价值最大化，这就增加了集约化经营的价值含量。

3. 突破性。再造是对信息技术的创造性运用，而不是简单的自动化，以最大限度地发挥信息技术潜能，实现银行绩效的突破性改进。信息技术给银行创造了新的经营规则和工作方式。银行再造对信息基础设施的整合和信息流的重视使银行跳出了单纯技术层的引用，而是将所有与客户相关的信息及时进行统计、分析和预测，形成数据库，以更好地管理客户关系。从流程再造到客户关系管理，就是银行再造对信息技术利用的新趋势，这种突破了技术集约的信息集约是一种更高层次的集约，它能给银行带来持续的竞争优势。

4. 外部性。虚拟经营突破了传统银行资源认识上的局限性，它既创

造、保留和运用银行的内部资源，还借用外部的资源和力量来塑造银行自身的竞争优势，将银行有限资源的效率和潜能发挥到极致。银行再造对外部资源的创造性运用促使集约化经营的范畴大幅拓宽，是传统集约化范式的一种飞跃。

四、不同类型银行因资源与能力差异而导致再造模式的差异

农村信用社的资源和能力同其他商业银行相比存在较大差距，其运作流程也不同于其他商业银行的流程。各个银行发展的阶段不同，性质不同，资源禀赋不同，面临的环境和内部情况也不同。从推进速度上来比较，新型股份制商业银行再造条件最好，可以更快一些；其次是国有商业银行；再次是城市商业银行和农村信用社。比如，中国民生银行从一开始在组织结构方面实行的就是事业部制再造，而且颇为成功。但农村信用社就不能一步到位，只能逐步向事业部制尝试，目前实行的应该是"大总部、小分支"与简化的事业部制相结合的组织结构。另外，同样是农村信用社，因为经营有好有坏，资源有多有少，能力有高有低，发展的战略目标也不同，有的只能维持现有模式，有的准备转制为农村合作银行，有的可以转制为股份制商业银行，则其流程再造的内容、路径、方式和程度也会不同。所以，银行流程再造过程中，不能照搬固定模式，最重要的是要考虑其可获取的资源和能力，要因时因地而定，进行科学合理的流程再造。

五、银行流程再造的影响是全方位的

随着银行经营环境的巨大变化，银行经营的边界在不断消失，其特权也在接受挑战。对于如何应对这种挑战，再造提供了思路，那就是不断的创新！仅仅是产品创新、业务创新、技术创新还不够，还需要管理创新。管理创新的内核是"客户—员工—股东—管理者"关系的处理，协调这一关系的桥梁是客户价值。只有保证客户价值最大化，才能实现银行价值最大化和股东利益最大化，这便是银行经营的最终目标。银行之间的差别更多的是以流程差别体现出来，流程是它的核心，要创造性地使用信息技术，构建具有最佳整体效应的业务流程系统。但是，流程是需要人来操作和执行的，只有使流程执行的主体——银行员工能够对这一客户价值理念具备深刻的理解和认同并付诸于行动，才能取得预期的再造效果。因此，

有了员工的忠诚才能有客户的满意和忠诚，继而有股东的满意，三者利益的平衡才能促成管理者的价值实现。也就是说，在客户价值最大化这一核心思想指导下，利益关联者的价值都得到了有效整合，由此产生了银行的收入最大化、成本消耗最佳化，从而导致银行价值最大化。

从前文的论述中我们已经非常清楚，再造首先带来的是银行业务流程的整合与再设计，继而是与银行管理有关的思考方法、组织结构、员工技能、权力分配、价值观以及管理制度等因素的变革，是银行经营模式的重塑与转型。这些变革会以各种方式对银行的方方面面产生深远影响。

第二节　研究的局限性和展望

一、研究的局限性

本书研究的局限性主要表现在以下几个方面：

1. 银行流程再造的理论不够系统。尽管本书在论述过程中援引了企业资源与能力理论、战略管理理论、价值链理论、外包理论、交易成本理论以及组织结构理论来解释流程再造，并且通过资源与能力理论将它们串联起来，但仍然觉得磨合度不够。每种理论都有各自的侧重面，也都有其缺陷性。流程再造自身的理论明显不成系统。

2. 流程再造的可行性研究有待加强。第三章中再造时机和条件模型对银行流程再造的可行性研究进行了定量分析的尝试。但它基于较多的假设且过于烦琐，实用性不太强，因此，在实践中的接受程度会大打折扣。后续研究者需要寻找更加简单易行的模型和思路。

3. 流程再造的实践经验缺乏。银行流程再造在我国推行的时间不长，尽管在观念上已经为大多数人所接受，但成功的案例并不多见，尤其是对某一类型银行如何实施差别化的再造，实践经验不够，难以对当前风起云涌的流程再造运动提供有效的指导。

4. 流程再造的绩效难以量化。很显然，流程再造会引起银行绩效评价系统的变化。从银行绩效衡量的手段来看，从制造业借用过来的会计方法根本不适用于银行业，特别是在银行创造性地运用信息技术来进行流程再造和业务创新的情况下。因此，传统的成本会计有被淘汰的趋势，取而代之的将是作业成本会计。从银行业务管理的角度来看，无论是资产管理、负债管理、资本管理还是资产负债联合管理等都依然存在。那么，再造后的变化发生在哪里？笔者认为，再造带来的影响除了银行经营绩效的戏剧性改善外，还包括业务流程、组织结构、价值观念和企业文化等的重大变革，是银行经营管理理念的变化，银行的业务并没有变，而是业务流程和做事方式在改变。但从财务角度来分析，这种变化却是难以评估的。这可能在一定程度上造成战略上的短视，从而影响流程再造的积极性，同时，也使得流程再造的研究结论不容易获得理想的数据支持。

二、研究展望

笔者认为，银行流程再造还需要深入研究的几个问题是：

1. 流程再造的彻底性与渐进性之间如何平衡。过去我国银行业积累了大量的问题没有解决，导致积重难返，效益低下。很多人认为就是改革不彻底、不及时、过于温和所致。抽丝剥茧的渐进式再造过程可能导致旧的问题还没能解决，新的问题又来了。所以，如何达到两者之间的平衡，既能实现战略愿景，又能在现实中稳步推进再造工程，是一个值得探讨的问题。

2. 银行经营虚拟化有无止境。信息技术的发展为银行经营的虚拟化提供了手段，客户服务的渠道日益电子化和自助化，物理网点在银行营销、客户关系管理甚至业务流程中的重要性似乎越来越淡化。自20世纪90年代末起，不少银行大量撤并自己的营业网点，尤其是农村地区的网点，致力于大力推进网络化建设和电子银行建设，但最后却发现客户急剧流失，业务大幅下滑。所以，近年来这些撤出者又重返市场，重新布局物理网点。毕竟，相对于电子设备和网络来说，实实在在的人是更容易被接受的交易对手与合作者。可见，银行经营虚拟化有一个度，但这个度在哪里值得我们探索。

3. 组织结构柔性化与企业文化之间存在矛盾。从流程优化的角度来看，企业组织结构越柔性化，则对客户需求的反应效率越高，从而能够创造出更多的价值。但在柔性化的组织中，由于固定的单元和团体较少，而临时组合的项目活动小组较多，员工在一定程度上会失去团队归属感和对企业的忠诚度，企业文化和员工的价值观也会受到冲击。在国内银行业有一个比较典型的怪现象，柔性化程度最高的新型股份制商业银行，尽管收入相对较高，但其员工忠诚程度却最低，流失率最大，严重影响了这些银行的人力资源管理和长远发展。

4. 流程再造绩效评价的科学化研究。流程再造势必带来银行人力资源管理的再造，需要相应改变对员工的激励、补偿、培训和教育等机制，需要员工职业理念和价值观的变化，实质上，这都可归结到银行企业文化的变革上来。正因为如此，银行对员工绩效评价的方法也要随之发生变化，从过去的主要以员工投入为衡量和奖酬标准转变为以员工的产出即最终结果来论英雄，而这一结果的衡量却更多地依赖于客户评价和满意度等外在指标，这是由银行先天的服务性质所决定的。由此，客户满意度和忠诚度、客户反应时间等非财务评价指标必将被逐渐地运用与推广，同改进的财务绩效评价指标整合到一起，以便更好地促进银行绩效评价系统的完善。这是一个值得后续研究者密切关注的课题。

最后，借用保罗·艾伦（1994）的话来作为本书的结尾：在新的千年里，银行可以成为胜利者。它们可以应对和战胜挑战。然而，为了成功，它们必须立刻开始再造的步伐，因为它是银行生存和成功的公式中最重要的一部分。

参考文献

［1］［美］迈克尔·A. 希特，R. 杜安·爱尔兰，罗伯特·E. 霍斯基森. 战略管理：竞争与全球化［M］. 吕巍等译. 北京：机械工业出版社，2009.

［2］谭力文，刘林青等. 跨国公司制造和服务外包发展趋势与中国相关政策研究［M］. 北京：人民出版社，2008.

［3］谭力文，吴先明等. 战略管理［M］. 武汉：武汉大学出版社，2006.

［4］谭力文，包玉泽. 企业战略环境分析［J］. 现代商贸工业，2000（12）.

［5］谭力文. 企业战略问题的思考［J］. 中国商办企业，1999（8）.

［6］方五一. 我国商业银行业务流程再造研究［M］. 北京：中国财政经济出版社，2007.

［7］保罗·艾伦. 银行再造——生存与成功范例（修订版）［M］. 柳星译. 北京：中国人民大学出版社，2006.

［8］理查德·比特纳. 贪婪、欺诈和无知——美国次贷危机真相［M］. 北京：中信出版社，2008.

［9］陈雪梅. 银行再造打造我国现代商业银行［J］. 河北企业，2011（2）.

［10］严明燕，张同建. 国有商业银行业务流程再造研究综述［J］. 财会通讯，2010（4）.

［11］张仿龙. 基于风险与价值创造的商业银行发展战略研究［J］. 经济研究参考，2010（22）.

［12］马芝蓓. 流程银行建设的探索与实践［J］. 山西财经大学学报，2010（3）.

［13］孙飚，刘艳华. 银行组织架构理论研究综述［J］. 山东社会科

学，2010（3）．

[14] 祝江燕．银行再造过程中的组织冲突及管理对策 [J]．现代金融，2010（1）．

[15] 陈辛．银行再造：浦发银行的实践与思考 [J]．上海金融，2009（11）．

[16] 陈剑峰．建立流程银行架构　打造核心竞争优势 [J]．农村金融研究，2009（12）．

[17] 洪崎．理性认识并持续推进流程银行建设 [N]．金融时报，2009 – 09 – 14．

[18] 李翔．基于价值链模型的流程银行变革研究 [J]．商业银行经营管理，2009（1）．

[19] 马莉．中美银行再造比较研究 [J]．中共贵州省委党校学报，2009（4）．

[20] 金占明，杨鑫．改革开放政策三十年中国战略管理的理论与实践 [J]．清华大学学报（哲学社会科学版），2008（2）：15 – 25．

[21] 石风波．业务流程再造的比较研究文献述评 [J]．现代管理科学，2008（9）．

[22] 乔彬，李维民，刘治国．中国商业银行再造影响因素的识别与评价 [J]．金融论坛，2008（5）．

[23] 周洪娜．再造理论之研究综述 [J]．现代企业教育，2008（5）．

[24] 罗韵轩．农村信用社改制转型中的流程再造研究：以农村商业银行模式为例 [J]．南方金融，2008（9）．

[25] 中国人民银行农村金融服务研究小组．中国农村金融服务报告 [M]，北京：中国金融出版社，2008．

[26] 朱晓明等．服务外包——把握现代服务业发展新机遇 [M]．上海：上海交通大学出版社，2006：2．

[27] 卢锋．服务外包的经济学分析：产品内分工视角 [M]．北京：北京大学出版社，2007．

[28] 刘永红．农村信用社再造流程的思考 [J]．经济与金融，2007（5）．

[29] 谢吉丽．商业银行业务流程再造的文献综述 [J]．中国农业银

行武汉培训学院学报，2007（2）．

［30］符遐龄，李永胜，柳小曼．流程再造与中国银行业竞争力［J］．南方金融，2007（4）．

［31］中国工商银行厦门分行课题组．业务流程再造与组织结构变革——中国工商银行厦门分行扁平化改革的探索与实践［J］．金融论坛，2006（9）．

［32］胡衍强，刘仲英，邵建利．流程视角下的商业银行操作风险管理研究［J］．新金融，2006（9）．

［33］林时益．对农村合作银行流程再造的思考［J］．浙江金融，2006（7）．

［34］陈宏志．企业战略管理理论的变迁及其发展趋势［J］．求索，2005（8）．

［35］聂叶．银行再造：理论与实践［M］．北京：中国金融出版社，2004.

［36］王李．中国商业银行再造研究［D］．长春：吉林大学博士学位论文，2009.

［37］方五一．商业银行业务流程再造前风险的评估与规避研究［D］，武汉：华中科技大学博士学位论文，2009.

［38］方国斌．金控集团交叉销售管理研究［D］，武汉：武汉大学博士学位论文，2008.

［39］李刚．企业组织结构创新的激励与方法研究［D］，武汉：武汉理工大学博士学位论文，2007.

［40］王婷．业务流程再造支撑体系及绩效评价研究［D］重庆：重庆大学博士论文，2007.

［41］杨谷芳．基于成本与人本理念的信贷管理再造［D］．长沙：湖南大学博士论文，2006.

［42］龚玉霞．中国商业银行再造与创新研究［D］．天津：天津大学博士论文，2005.

［43］陈洪转．我国商业银行核心竞争力评价研究［D］．南京：河海大学博士论文，2004.

［44］宋安平．商业银行核心竞争力研究［D］．厦门：厦门大学博士论文，2003.

［45］张继胜．中国股份制商业银行人力资源管理与开发模式［D］．哈尔滨：哈尔滨工程大学博士论文，2004.

［46］桂泽发．中国商业银行再造研究［D］．福州：福建师范大学博士论文，2004.

［47］熊继洲．国有商业银行体制再造研究［D］．上海：复旦大学博士论文，2003.

［48］黄德根．公司治理和中国国有商业银行改革［D］．厦门：厦门大学博士论文，2003.

［49］李卫东．技术创新与企业组织结构选择［D］．厦门：厦门大学博士学位论文，2002.

［50］颜光华．企业组织变革研究——基于变革对象的组织变革理论［D］．上海：上海财经大学博士论文，2002.

［51］李维民，张成虎．美国银行再造经验和借鉴［J］．山西财经大学学报，2006（4）.

［52］杜向荣，王强．业务流程再造——银行业竞争的必由之路［J］.技术经济与管理，2006（4）.

［53］中国银监会湖北荆门课题组．农村信用社流程再造的必要性及其主要思路［J］．海南金融，2008（2）.

［54］迈克尔·波特．竞争论［M］．高登第译．北京：中信出版社，2003.

［55］迈克尔·波特．竞争战略［M］．陈小悦译．北京：华夏出版社，1997.

［56］万建华，陈正中．商业银行专家管理［M］．深圳：海天出版社，1998.

［57］白钦先，郭翠荣．各国金融体制比较［M］．北京：中国金融出版社，2002.

［58］戴维·罗杰斯．商业银行的未来：组织结构、战略及趋势［M］．北京：新华出版社，2001.

［59］杜智刚，金融领域外包业务的兴起［J］．国际金融研究，2002（2）.

［60］耿群．新兴的银行网络发展策略［J］．国际金融研究，1998（2）.

［61］解树江．虚拟企业——理论分析、运行机制与发展战略［M］．北京：经济管理出版社，2002.

［62］金运，陈辛．银行再造：浦发银行重组上市的探索与前瞻［M］．上海：上海人民出版社，2000.

［63］黎永泰．论中国企业文化再造［J］．四川大学学报，1999（1）．

［64］李东红．企业核心能力理论评述［J］．经济学动态，1999（1）．

［65］李峰．银行再造与银行管理理念的创新［J］．城市金融论坛，2000（7）．

［66］李晓峰．金融全球化背景下我国商业银行的再造［J］．金融与保险，2001（6）．

［67］李扬，王松奇．中国金融理论前沿［M］．北京：社会科学文献出版社，2000.

［68］林强．管理再造：提升国有商业银行经营管理水平的根本途径［J］．福建金融，2002（5）．

［69］刘桂平．中国商业银行再造［M］．北京：中国金融出版社，2002.

［70］钱平凡．组织转型［M］．杭州：浙江人民出版社，1999.

［71］上海福卡经济预测研究所．中国银行：再造有多险［M］．上海：文汇出版社，2001.

［72］田晓军．银行再造［M］．上海：上海财经大学出版社，2002.

［73］王月霞．网络化金融［M］．北京：中国金融出版社，1999.

［74］颜光华，刘正周．企业再造［M］．上海：上海财经大学出版社，1999.

［75］杨俊一．制度变迁与管理创新［M］．上海：复旦大学出版社，2000.

［76］张杰．中国金融制度的结构与变迁［M］．太原：山西经济出版社，1998.

［77］郑先炳．西方商业最新发展趋势［M］．北京：中国金融出版社，2002.

［78］朱枫．国有商业银行业务流程再造［J］．国际金融研究，2001

（9）．

　　［79］杜莉．论我国银行业产业组织结构再造［J］．当代经济研究，2002（7）．

　　［80］陈建国．信息技术与银行组织管理系统的再造［J］．企业经济，2003（11）．

　　［81］刘政权．客户导向的银行再造［J］．经济学家，2004（4）．

　　［82］孙森．网络银行［M］．北京：中国金融出版社，2004．

　　［83］温斌，曹小敏．中外资银行竞合关系的现状趋势［J］．国际金融研究，2004（12）．

　　［84］丁北．国有银行改革的思考［J］．商业研究，2002（6）．

　　［85］彼德·圣吉．第五项修炼：学习型组织的艺术与实务［M］．上海：上海三联书店，2001．

　　［86］肖东生．论企业组织创新风险［J］．南华大学学报（社会科学版），2002（3）．

　　［87］王志莲，张红．TCL集团组织创新研究［J］．经济问题探索，2003（4）．

　　［88］郭韬．关于组织创新含义的再思考［J］．哈尔滨商业大学学报（社会科学版），2003（1）．

　　［89］刘玉山，唐国胜．企业全球化战略与金融企业组织创新［J］．银行与经济，2002（9）．

　　［90］闫书哲，薛敏．企业组织创新的推动因素分析［J］．市场周刊·财经论坛，2003（9）．

　　［91］黑尔里格尔，斯洛克姆，伍德曼．组织行为学［M］．北京：中国社会科学出版社，2001．

　　［92］张双文．组织变革与组织绩效的关系研究综述［J］．江西社会科学，2003（11）．

　　［93］布雷克利，史密斯，旋泽曼．管理经济学与组织架构［M］．张志强，王春香译．北京：中国社会科学出版社，2001．

　　［94］蒋志青．企业组织结构设计与管理［M］．北京：电子工业出版社，2004．

　　［95］李学清．论企业的边界及其功能［J］．人文杂志，2001（5）．

　　［96］顾卫东．管理组织结构理论与实践的新发展［J］．经济学动态，

1999（12）．

[97] 邢军．论自组织与企业管理效率［J］．中外科技信息，2002（6）．

[98] 米歇尔·罗伯特．超越竞争——战略思考的力量［M］．北京：机械工业出版社，2001.

[99] 高维村，左小德．信息技术对企业组织结构的影响［J］．科技管理研究，2001（4）．

[100] 赵光忠．企业文化与学习型组织策划［M］．北京：中国经济出版社，2003.

[101] 理查德·威廉姆斯．组织绩效管理［M］．北京：清华大学出版社，2002.

[102] 谢榕斌．国有商业银行管理流程再造问题研究［J］．福建金融，2005（1）．

[103] 姜定维．KPI"关键绩效"指引成功［M］．北京：北京大学出版社，2004.

[104] 马汀·迈耶．大银行家［M］．海口：海南出版社，2000.

[105] 约瑟夫·派恩．大规模定制［M］．北京：中国人民大学出版社，2000.

[106] 安德鲁·坎贝尔等．核心能力战略：以核心竞争力为基础的战略［M］．大连：东北财经大学出版社，1999.

[107] 戴维·贝赞可，等．公司战略经济学［M］．北京：北京大学出版社，1999：415.

[108] 黄江圳，谭力文．从能力到动态能力：企业战略管理的转变［J］．经济管理，2002（22）．

[109] 迈克尔·波特．什么是战略［J］．哈佛商业评论（中文版），2004.

[110] 盛洪．现代制度经济学（上卷）［M］．北京：北京大学出版社，2003：106.

[111] 威廉姆森．资本主义经济制度［M］．北京：商务印书馆，2002：32.

[112] 约翰·伊特韦尔．新帕尔格雷夫经济学大辞典［M］．北京：经济科学出版社，1996：58.

［113］诺斯．交易成本、制度和经济史［J］．经济译文，1994（2）．

［114］杨小凯．经济学原理［M］．北京：中国社会科学出版社，1998：64.

［115］吴培良，郑明身，王凤彬．组织理论与设计［M］．北京：中国人民大学出版社，1998.

［116］任建华．浅论组织结构的比较选择及创新［J］．湖南工业职业技术学院学报，2004（9）．

［117］严勇，王康元．业务外包的迅速发展及其理论解析［J］．南方经济，1999（9）．

［118］李元旭，吴晨．银行业务外包问题初析［J］．国际金融研究，2000（12）．

［119］杨凯云，尹柳营．从产业价值链分析中小企业与战略外包［J］．深圳大学学报，2001（9）．

［120］聂规划，等．企业信息技术外包的风险与防范［J］．科技进步与对策，2002（4）．

［121］弗雷德里克·纽厄尔．网络时代的顾客关系管理［M］．北京：华夏出版社，2001.

［122］黄强．对成都市农村信用社组织结构调整的探讨［D］．成都：西南财经大学硕士学位论文，2003.

［123］Elizabeth S Laderman. Changes in Twelfth District Local Banking Market Structure during a Period of Industry Consolidation［J］. Economic Review. 2005.

［124］Hall G，Rosenthal Wade. How to Make Reengineering Really Work［J］. Havrard Business Review，2005，9（10）：119－131.

［125］Thorsten Beck，Asli Demirguc－Kunt，Vojislav Maksimovic. What Drives Bank Competition? Some International Evidence［J］. Journal of Money Credit，and Banking，Jun. 2004，Vol，36，Iss. 3.

［126］Stijn Clessens，Luc Laeven. What Drives Bank Competition? Some International Evidence［J］. Journal of Money，Credit，and Banking，Jun. 2004，Vol. 36，Iss. 3.

［127］Anat Bird. Organizational Flattening within the U. S. Banking Industry ［J］. The Bankers Magazine, July/August 1991: 67 - 69.

［128］ Andrew Reinbach. Getting Personal ［J］, Future Banker, February 2000: 26 - 28.

［129］ Anthony Gandy , Chris Chapman. Information Technology & Financial Services ［M］. Chicago: Glenlake Publishing Company, Ltd. , 1997.

［130］ Arthur R. Tenner, Irving J. Detoro. Process Redesign ［J］. Engineering Process Improvement Series, 1997.

［131］ Bill Orr. E - banks or E - branches? ［J］. ABA Banking Journal, July 1999: 32 - 36.

［132］ Bill Stoneman. All Hands on Deck ［J］. Banking Strategies, September/October 2000: 18 - 24.

［133］ Bill Stoneman. Clearing the Dissetation Jungle ［J］. Banking Strategies, September/October 2000: 6 - 10.

［134］ Bruce Heuton. Banks Selling Insurance: Formulas for Success ［J］. U. S. Banker, October 2000: 96 - 98.

［135］ Carol E. Curtis. The Transformation of Mellon's Traditional Bank ［J］. U. S. Banker, November 1999: 41 - 47.

［136］ Charles B. Wendel. Meeting the Non - bank Challenge ［J］. The Bankers Magazine, March/April 1993: 12 - 19.

［137］ Charles H. Nobs. New Set of "Power" Tools Needed for Cost - Cutting Efficiency ［J］. The Bankers Magazine, May/June 1993: 4 - 9.

［138］ Claus Rasmussen. A Danish View on Loan Pricing ［J］. The Bankers Magazine, November/December 1991: 42 - 45.

［139］ Daryl R. Conner, Byron G. Fiman. Making the Cultural Transition to Investment Banking ［J］. The Bankers Magazine, Jan. - Feb. 1998: 31 - 34.

［140］ David Andrews. Surviving in the Real World ［J］. The Banker, November 1999: 95 - 96.

［141］ David B. Dyche, Jr.. A Road Map for Increased Profitability ［J］. The Bankers Magazine, September/October 1992: 47 - 50.

［142］ Dell Larcen. Making Change in the Financial Industry ［J］. U. S. Banker, November 1999: 80 - 81.

［143］ Donald B. Taylor. Strategic Outsourcing ［J］. Banking Strategies,

November/December 1999: 83 - 94.

[144] Gary R. Craft. Net work - Centric Banking [J] . Banking Strategies, March/April 1998: 56 - 62.

[145] George M. Bollenbacher. Reengineering Financial Processes [J]. The Bankers Magazine, 1992: 42 - 45.

[146] Gregory H. Watson, John Wiley. Business System Engineering [M]. New York: Sons, Inc. , 1994.

[147] Hank Goodstein. Redesigning Work Systems To Enhance Productivity [J]. The Banker Magazine, July - August 1988: 64 - 67.

[148] Isaac Auerbach. The Business of Banks [J] . The Bankers Magazine, Sept. - Oct. 1984: 79 - 80.

[149] Jack Revell, The Recent of Financial System [M] . New York: Macmillan Press Ltd. , 1997.

[150] James Brian Quinn. Strategic Outsourcing: Leveraging Knowledge Capabilities [J] . Sloan Management Review, Summer 1999: 9 - 21.

[151] James M. Neckopulos. Risk - Based Reengineering [J] . The Bankers Magazine, January/February 1997: 28 - 33.

[152] Jeffrey Marshal. Internet Banking: How Far, How Fast? [J]. U. S. Banker, March 1998: 66 - 68.

[153] Jeremy Smith, External Affairs [J] . The Banker, March 1999: 68 - 69.

[154] John A. Marray , Aidan O' driscoll. Strategy and Process in Marketing [M] . London: Prentice Hall, 1996.

[155] John C. Hallenborg. The Challenge of Channel Integration [J]. U. S. Banker, December 1999: 69 - 70.

[156] John H. Wolfarth. Focusing on Processes Improvement [J] . The Bankers Magazine, January/February 1995: 50 - 52.

[157] John Unoski. The History of Recognition in Banking [J] . ABA Banking Journal 2000.

[158] Jordi Canals. Competitive Strategies in European Banking [M] . Oxford: Claredon Press, 1993.

[159] Karl Rauch. Developing a Relationship - Based Sales Culture [J].

The Bankers Magazine, September/October 1993: 49 – 53.

[160] Kenneth Cline. Mobilizing for E – Strategy [J] . Banking Strategies, March/April 2000: 18 – 26.

[161] Kenneth Cline. Superstars or Shooting Stars? [J] . Banking Strategies, July/August 1999: 16 – 22.

[162] Lauren Bielski. Get These Four Right and Run a Better Call Center [J] . ABA Banking Journal, September 1999: 50 – 61.

[163] Lauren Bielski. Rethinking the Branch Experience [J] . ABA Banking Journal, Journal/ August 1999: 28 – 46.

[164] Lauren Bielski. Turning Point for Billpay? [J] . ABA Banking Journal, February 1999: 42 – 46.

[165] Lawrence T. Jilk, Jr.. Strategies for Pricing Core Loans and Deposits [J] . The Bankers Magazine, November – December 1988: 47 – 52.

[166] Lowell L. Bryan. Breaking up the Bank [M] . Homewood: Dow Jones – Irwin, 1988.

[167] M. Artbur Gillis. In – house or Outhouse? [J] . ABA Banking Journal, June 2000: 51 – 56.

[168] Marilyn R. Seymann. Managing the New Bank Technology [J]. Chicago: Glenlake Publishing Company Ltd. , 1998.

[169] Mark Klein. Keeping Information Technology Costs Under Control [J] . The Business Magazine, March/April 1990: 6 – 11.

[170] Mary J. Cronin. Banking and Finance on the Internet [M] . New York: John Wiley&Sons Inc. , 1998.

[171] Michael Hammer, Steven Stanton. How Process Enterprises Really Work [J] . Harvard Business Review, November – December 1999: 108 – 118.

[172] Michael T. Dibbert. Selling Nontraditional Investment Products [J]. The Bankers Magazine, March/April 1988: 52 – 59.

[173] Miriam Leuchter. Online Banking for Mom and Pop [J] . U. S. Banker, August 1998: 24 – 29.

[174] Orla O'Sullivan. Virtually Friends [J] . U. S. Banker, May 1998: 73 – 76.

［175］Paul A. Willax. Cost Cutting: A Fitness Program for Theifts ［J］. The Bankers Magazine, March – April 1989: 22 – 25.

［176］Paul Allen, Zofia Mucha. Elasticity: The Forgotten Component of Pricing ［J］. The Bankers Magazine, July – August 1988: 22 – 27.

［177］Paul F. Jannott. Improving Bank Profits—The Cost Control Approach to Increasing Income ［M］. Chicago: Bank Administration Institute Foundation, 1993.

［178］Paul H. Allen, Sandra Cespedes. Reengineering Is Just a Catalyst in Bank Culture Change ［J］. The Bankers Magazine, May/June 1995: 46 – 52.

［179］Paul H. Allen. Making Consolidation Work ［J］. The Bankers Magazine, July/August 1994: 32 – 37.

［180］Paul H. Allen. Reengineering the Bank ［M］. New York: McGraw – Hill, 1997.

［181］Richard Crone. Banking Without Banks ［J］. The Bankers Magazine, January/February 1995: 41 – 43.

后 记

光阴荏苒，岁月如梭。蓦然回首，攻读博士生涯已近六载。其间的辗转徘徊、酸甜苦辣，欲说还休！当博士学位论文终于可以付梓时，却是另外一番滋味在心头：或许读书并非一件苦差事，倘若能一心专注于此，日积月累，自会水到渠成，且乐在其中。或许世间万事大抵如此！

这些年来，时常有人惊讶之情溢于言表：你还在读书？此时我的骄傲也是溢于言表的。"读万卷书，行万里路"，学无止境！在不断追求学术升华的同时，也时时经历着纷繁复杂的现实生活和日常工作的多重磨砺与困惑，所幸日积月累的知识成为了夜航中一盏指路的明灯。

踏入珞珈，师从谭力文教授进行企业战略管理研究，幸逢生命中的贵人。如今的学术界和教育界并不缺少著作等身的泰斗，也不缺少德行高洁的大师，但是能将二者如此完美地结合于一身的却不多见，恩师谭力文先生便是其中之佼佼者。这是武汉大学的骄傲，也是我们莘莘学子的幸运。为人师者，既要教学，更要育人，谭先生为我们做了最好的诠释！

身为百年学府武汉大学之学子，是一件颇为自豪的事情。求学期间有幸接受许多大师和教授们的传道、授业、解惑，既丰富了知识，也开阔了视野，使我在论文写作和日常工作、学习中都能触类旁通，获益匪浅。校内、校外，同学们在一起学习、交流，共同进步，其乐融融，终生难忘！

我在经济类院校和银行工作多年，目睹了金融业的风云变幻，也亲历了几家银行（信用社）改革发展的阵痛过程。流程银行的建设是我国银行业现在和未来变革的重要主题，对此我常有所思，方有了作为博士学位论文的该项研究，希冀能对理论和实务有所裨益。谭力文先生对论文进行了悉心、严谨的指导；赵锡斌教授、王林昌教授、吴先明教授、刘明霞教授、刘学元教授等博导都提出了很好的意见和建议；唐先勇、刘志坦、代伊博、方国斌、马海燕、焦方太、朱金海、游春、唐国华、孔刚、杨鑫、丛阳等博士生同学也提供了许多无私的帮助，在此一并表示衷心的感谢和祝福！

一直以来，最为感激也最为愧疚的人是我的妻女。从本科作为我的师妹开始，妻子在我硕士、博士学习过程中一路携手同行，如今她已在复旦大学从事博士后研究。在学习中，妻子一直坚定不移地支持和鼓励我，尤其是在我徘徊退缩的时候。11 岁的女儿伊睿也随母在上海读书，生活、工作、学习的重担集于妻子一肩，其艰难可想而知。女儿也颇为懂事，自广州初去上海学习时，由于不适应，曾位列班上末尾，但一个学期后居然蹦到第九。有家如此，夫复何求！

谨以此文献给一直关爱我的父母、岳父母和所有亲友！谢谢你们！

三闾大夫屈原说："路漫漫其修远兮，吾将上下而求索。"我相信博士生涯并非我人生奋斗的终点，而是新的起点！

彭志军

2011 年 4 月 23 日于广州荔城碧桂园